Los Pecados de las Grandes Petroleras

Cómo las multinacionales destruyen nuestro planeta, el clima y la economía mientras obtienen beneficios insensatos y utilizan el lavado verde para engañar a la sociedad

Edición 3.0

GREEN MEDIA HOUSE
&
GLOBAL PEACE FRONT

Descargo de responsabilidad

La gran contaminación del petróleo

Hacer frente al cambio climático es algo que hacemos juntos. En todo el mundo, la gente está encontrando la fuerza y el valor para actuar. Sin embargo, hay una serie de grandes contaminadores que se están quedando atrás. Estas empresas emiten cantidades excesivas de CO2 cada año en los Países Bajos. Ya es hora de que pongamos en el punto de mira a los mayores contaminantes y a las empresas que alteran el clima y empecemos a exigirles responsabilidades por el daño que están causando a nuestro hogar colectivo.

Shell es una empresa holandesa de petróleo y gas con sede en los Países Bajos. Su reputación de petrolera negra es ya de dominio público. Además de sus emisiones masivas de casi 7 megatoneladas al año en los Países Bajos, la historia de la empresa es una cadena de malas prácticas. Esta gran empresa contaminante es en parte responsable de los terremotos que asolan Groningen desde hace años, viola los derechos humanos en Nigeria y tiene decenas de juicios en su contra por corrupción y contaminación. Shell conoce desde hace casi 60 años los efectos nocivos de sus productos sobre el calentamiento global.

BP es una empresa petrolera británica con una refinería de petróleo en los Países Bajos. Esta refinería procesa 400.000 barriles de petróleo al día y emite nada menos que 2,2 megatoneladas de CO2 al año. BP es responsable de uno de los mayores vertidos de petróleo de la historia: el del Golfo de México de 2010. El desastre mató a 11 personas y tuvo terribles consecuencias para los frágiles ecosistemas marinos. BP no parece aprender de sus errores con los fósiles y este gran contaminador quiere perforar en busca de petróleo cerca del prístino Y recién descubierto Arrecife del Amazonas, y en el Mar del Norte.

Esso es una marca internacional de la empresa estadounidense Exxon Mobil Corporation. Esso tiene más de 200 estaciones de servicio en los Países Bajos y una refinería en Rotterdam. Esta refinería emite más de 1,5 megatoneladas de CO_2 al año en los Países Bajos. Exxon Mobil ya conocía la relación entre las emisiones de CO_2 y el calentamiento global en 1978. En el período siguiente, la gran empresa contaminante Exxon Mobil lanzó un poderoso lobby para poner en duda el cambio climático. En Estados Unidos, la empresa es conocida por ser la que más financia a los escépticos del clima

Dow Chemicals es una empresa de origen estadounidense. Es el mayor productor de plásticos y la segunda empresa química del mundo. Sus plantas químicas de Terneuzen emiten colectivamente más de 4,1 megatoneladas de CO_2 al año. Con razón, uno de los mayores contaminantes. Al otro lado del mundo, Dow Chemicals está siendo relacionada con el mayor desastre industrial de la historia. La catástrofe tóxica de la ciudad india de Bhopal se produjo en 1984, pero sus residuos nunca se limpiaron. Además, los supervivientes de la catástrofe nunca recibieron una compensación adecuada. 30 años después, siguen naciendo niños deformes en Bhopal como consecuencia del desastre.

"A nivel nacional e internacional, surgió la convicción de que las universidades, las instituciones del conocimiento y las empresas deben trabajar para conseguir una sociedad neutra en emisiones de CO2 en un plazo realista", es la descripción del "Simposio Van Cauteren - Dutré Arenberg" al que fueron invitadas estas empresas el 24 de noviembre. Con la idea de que estas dos empresas sean una especie de partes interesadas en pie de igualdad con los ciudadanos, los políticos y las universidades, ArcelorMittal y ExxonMobil tuvieron una plataforma para explicar sus políticas climáticas.

Pronto surgió una carta abierta con más de 150 firmas de académicos, estudiantes y organizaciones de medio campo que cuestionaban esta plataforma. El problema con el marco del evento es que pasa por alto los daños y las intenciones de ArcelorMittal y ExxonMobil. Ambas tienen una enorme responsabilidad en la destrucción de nuestro clima, una responsabilidad mucho más dura que la de los ciudadanos de a pie. Además, reciben millones de subvenciones de dinero público que no garantizan ninguna política social del clima.

Una historia de contaminación
En Bélgica, 243 multinacionales de los sectores industrial y energético son responsables del 40% de las emisiones de CO2. Las cinco primeras empresas, entre

las que se encuentran ArcelorMittal y ExxonMobil(1) , son a su vez responsables del 20% de las emisiones de CO2 en Bélgica. ArcelorMittal es el mayor contaminador con 9,4 millones de toneladas de CO2 en 2019.
La petrolera ExxonMobil produjo 2,1 millones de toneladas de CO2 ese mismo año a través de su refinería Esso de Amberes.

Ambas empresas tienen un historial lamentable, que demuestra que anteponen sus propios intereses financieros al clima, el medio ambiente y las personas. En Europa, ArcelorMittal es una de las empresas más contaminantes, tanto en términos de emisiones de CO2 como de daños al medio ambiente.

emisiones de CO2 como en daños al medio ambiente . Las sustancias que envían al aire contribuyen a causar enormes daños a la salud y a los costes médicos de miles de personas. Pero la empresa también contribuye a una grave contaminación medioambiental en todo el mundo al extraer sus materias primas.

La historia de ExxonMobil es aún más conocida. Ya en 1977, el gigante petrolero conocía la existencia del cambio climático, pero a día de hoy sigue invirtiendo dinero en grupos de reflexión que ponen en duda el problema o lo niegan rotundamente.

En Estados Unidos, son conocidos como el grupo de presión más ruidoso contra la política climática. Además, citan sistemáticamente cifras de emisiones inferiores a las que realmente contaminan. En la actualidad, el gigante petrolero obtiene 253.000 millones de dólares de ingresos por operaciones que conducen a la destrucción de nuestro planeta.

Subvenciones millonarias sin garantías

A pesar de estos antecedentes, durante el simposio se presentarán con gusto como empresas que hacen lo mejor posible por el clima. Como tales, reciben las subvenciones necesarias de diversos gobiernos para hacerlo. El problema de esas subvenciones es que no tienen ningún efecto en la reducción de sus emisiones.

 Por ejemplo, cada año reciben dinero del Fondo Flamenco del Clima para compensar los costes del Sistema Europeo de Comercio de Emisiones (ETS). En ese sistema, las empresas deben comprar derechos de emisión para contaminar. Con las subvenciones, el gobierno quiere evitar la "fuga de carbono": trasladar la producción a zonas con una legislación climática menos estricta. Las subvenciones también incluyen millones de derechos de emisión gratuitos para compensar los supuestos costes de la transición energética. Así que los gobiernos están pagando la "penalización climática" de las empresas, en lugar de que estas multinacionales utilicen ellas mismas sus activos para avanzar hacia una transición verde. De este modo, desaparece cualquier presión financiera para llevar a cabo la transición.

 El año pasado, ExxonMobil recibió más de 3 millones de euros en subvenciones por sus "

costes
indirectos
de emisión". Hasta hace poco, ExxonMobil recibía un millón de euros de más cada año. ArcelorMittal recibió 13 millones de euros de ayudas, además de 2 millones de euros de "apoyo estratégico a la transformación" y 4 millones de "apoyo estratégico a la ecología". Pero las subvenciones más gordas son los derechos de emisión gratuitos. De
los 9 millones de toneladas de CO2 que ArcelorMittal emitirá este año, 7,5 millones se compensarán con derechos de emisión gratuitos por valor de 450 millones de euros. ExxonMobil recibió derechos gratuitos por valor de 21,6 millones de toneladas de CO2 entre 2005 y 2015. Más que sus emisiones efectivas, lo que les supuso un descuido de 4,2 millones de euros de más.

 Así, aunque cientos de millones de subvenciones van a parar a empresas contaminantes, las emisiones de los sectores que reciben ayudas y comercian con derechos de emisión no han disminuido desde 2011. De hecho, las
emisiones directas de ArcelorMittal (sin contar una central eléctrica de gas de Engie que funciona con el gas de la empresa) y las de ExxonMobil en realidad aumentaron entre 2013 y 2019. El gobierno está organizando una transferencia masiva de dinero de los impuestos desde abajo hacia arriba para permitir que empresas como ArcelorMittal y ExxonMobil contaminen.

7

Inversión del gobierno, beneficio para el privado
Sin embargo, ArcelorMittal anunció recientemente una inversión a gran escala para reducir las emisiones de su producción en 3,9 millones de toneladas de CO_2, sustituyendo uno de sus altos hornos por uno eléctrico que puede funcionar primero con gas natural y después con hidrógeno. A largo plazo, esto podría hacer que su producción fuera neutra desde el punto de vista climático, pero la cuestión es cuánto va a pagar ArcelorMittal por ello.

El gigante siderúrgico afirma que no puede hacerlo sin financiación gubernamental. A través de una empresa conjunta, la compañía y el gobierno flamenco están pagando cada uno 350 millones de euros, además de un préstamo de 400 millones de euros del Banco Europeo de Inversiones (BEI). Sin embargo, ArcelorMittal Bélgica pagó casi 100 millones de euros a sus accionistas el año pasado y 300 millones el año anterior. En octubre de este año, los trabajadores de la planta abandonaron el trabajo porque no recibían ningún tipo de aumento salarial en su lugar. Mientras los precios del acero se disparaban, el grupo ya obtuvo este año 4.600 millones de dólares de beneficios en todo el mundo.

ExxonMobil ya obtuvo 6.700 millones de dólares de beneficios en todo el mundo este año. Así que no sólo estamos subvencionando su contaminación, sino también las inversiones ecológicas que son perfectamente capaces de pagar ellos mismos. Los costes son para la comunidad, pero los beneficios son para los accionistas.

Un debate sobre los recursos públicos

Urge un amplio debate público sobre el papel de estas empresas en el calentamiento global y cómo nuestros gobiernos les regalan millones de euros sin ninguna garantía. El formato actual del simposio en la KU Leuven, que da una plataforma a ArcelorMittal y ExxonMobil sin ninguna respuesta crítica, no es un buen ejemplo.

 Un dinero que podría estar mucho mejor invertido. Porque cada céntimo es una elección: el dinero que va a las multinacionales rentables también puede utilizarse para invertir en transporte público, producir su propia energía verde, aislar casas o construir viviendas sociales. "Significa abrir el debate sobre cómo se pueden gastar los fondos públicos para que nuestra industria sea climáticamente neutral", escribe Bond Beter Leefmilieu al respecto. "¿Damos cheques en blanco o exigimos rendimientos claros a estas empresas?".

 La facultad de ingeniería haría mejor en cambiar el formato del debate. Podría hacer intervenir a personas del movimiento ecologista, a científicos del sindicato IPCC y a personas de las propias empresas. Haciendo esto, además, enseña una verdadera actitud científica y crítica a los futuros ingenieros que valoran la sostenibilidad y el pensamiento crítico. De esta manera, no dejamos el debate en manos de las multinacionales

9

contaminantes que son las causantes de la destrucción de nuestro planeta.

Índice de contenidos

¿Matar a la cepilladora para obtener beneficios?

"La contaminación del desastre de BP causa peces deformados en el Golfo de México"
Los camarones sin ojos y los peces con anomalías en los tejidos son cada vez más frecuentes en el Golfo de México. Los científicos sospechan que la causa es la contaminación provocada por el desastre de 2010 de la plataforma de perforación Deepwater Horizon de la petrolera BP.

"Los pescadores nunca han visto nada igual", afirma Jim Cowan, profesor del Departamento de Oceanografía y Ciencias Costeras de la Universidad Estatal de Luisiana. "En los veinte años que llevo investigando el pargo rojo, he visto entre veinte y treinta mil peces. Y yo tampoco he visto nunca nada igual". Cowan escuchó por primera vez a los pescadores hablar de peces con llagas y anomalías en la piel en noviembre de 2010, siete meses después del desastre.

Tracy Kuhns y su marido Mike Roberts, pescadores comerciales de Barataria, Luisiana, dicen que pescaban gambas sin ojos. "Durante el apogeo de la temporada de gamba blanca, en septiembre, un amigo nuestro pescó 400 libras de eso", dice Kuhns, que muestra una gamba sin ojos para ilustrar su historia.

Kuhns afirma que, durante ese periodo, en la bahía de Barataria, una zona muy afectada por la catástrofe, al menos la mitad de las gambas capturadas no tenían ojos. "En el Golfo de México, Alabama y Misisipi, también se están capturando gambas sin ojos. También estamos viendo cangrejos sin ojos, cangrejos con caparazón blando en lugar de duro, cangrejos adultos que sólo tienen una quinta parte de su tamaño normal y cangrejos sin pinzas."

Darla Rooks, una pescadora de Port Sulfur, Luisiana, dice que ha visto cangrejos con anormalidades en sus caparazones y cangrejos que están "muriendo de adentro hacia afuera". Animales que, según ella, siguen vivos, "pero cuando los abres, huelen como si llevaran una semana muertos".

Productos químicos
Riki Ott, toxicólogo y biólogo marino, cree que los productos químicos que BP utilizó para descomponer el petróleo, como los destilados de petróleo y el 2-butoxietanol, son perjudiciales para la vida marina. "No es de extrañar que los disolventes sean también muy perjudiciales para los humanos. La comunidad médica lo sabe desde hace mucho tiempo".

Cowan cree que los hidrocarburos aromáticos policíclicos (HAP) liberados por el petróleo pueden ser la causa de las anomalías. "Los peces fueron expuestos a HAPs, y he encontrado similitudes con los peces anormales encontrados tras el vertido de petróleo del Exxon Valdez en 1989. También hay similitudes con los experimentos de laboratorio que hemos realizado", dijo Cowan.

Según una investigación de la Universidad del Sur de Florida, en algunos lugares entre el 2 y el 5 por ciento de los peces están infectados, en otros lugares de la región es el 20 por ciento y en algunos casos hasta el 50 por ciento de los peces tenían anomalías.

Antes de 2010, también se producían anomalías en los peces, pero según Cowan, que consultó a la Administración Nacional Oceánica y Atmosférica (NOAA), entonces se trataba de una décima parte del uno por ciento. "Creemos que la exposición crónica a los HAP puede explicar este alto porcentaje de anomalías", dijo.

Pruebas en curso
La oficina del gobernador de Luisiana, Bobby Jindal, hizo saber en un comunicado que Luisiana analiza continuamente el agua en busca de petróleo y sustancias químicas y también busca HAP. "Los mariscos del Golfo se analizan continuamente y los contaminantes detectados se mantienen muy por debajo de la norma establecida por la Administración de Alimentos y Medicamentos (FDA, la agencia de seguridad alimentaria de EE.UU.) para el consumo humano", dice el comunicado.

La FDA no quiso hacer comentarios y se remitió a la NOAA, que no quiere hablar con los medios de comunicación debido a la demanda pendiente contra BP. La propia petrolera afirma en un comunicado que el marisco del Golfo de México está entre los "alimentos mejor controlados del mundo" y que, según la FDA y la NOAA, es tan seguro como antes del vertido de petróleo.

Según BP, las anomalías se producen con frecuencia en los peces. Antes de la catástrofe de Deepwater Horizon, había pruebas documentadas de anomalías en la piel causadas por parásitos, por ejemplo, dice la empresa. En el comunicado, BP dice que está financiando varios estudios de organizaciones independientes sobre el impacto del vertido de petróleo en el medio ambiente. Entre ellos se incluyen programas de análisis de alimentos marinos, seguimiento de las poblaciones de peces y estudios sobre la calidad del agua.

¿Más subvenciones a los combustibles fósiles?

El año pasado, las ayudas gubernamentales a los combustibles fósiles casi se duplicaron, según muestran las cifras de la OCDE y la Agencia Internacional de la Energía. Las instituciones califican las subvenciones de contraproducentes y señalan su impacto en el cambio climático.

Los países no sólo parecen estar luchando por eliminar sus subvenciones a los combustibles fósiles tal y como prometieron, sino que algunas de las principales economías han aumentado considerablemente su apoyo al carbón, el petróleo y el gas natural, según muestran las cifras.

En 2021, el apoyo gubernamental total a los combustibles fósiles en los 51 países encuestados casi se ha duplicado, pasando de 362.400 millones de dólares en 2020 a 697.200 millones en 2021. La OCDE y la Agencia Internacional de la Energía (AIE) esperan que esa tendencia continúe este año, debido al aumento de los precios de los combustibles y del consumo de energía.

Contraproducente
El Secretario General de la OCDE, Mathias Cormann, reconoce que la guerra de Rusia contra Ucrania ha provocado un fuerte aumento de los precios de la energía y ha socavado la seguridad energética.

Pero el aumento de las subvenciones a los combustibles fósiles no hace más que impulsar el despilfarro, mientras que no siempre llega a las familias de bajos ingresos", afirma.

Sólo tenemos que tomar medidas que protejan a los consumidores de los impactos extremos de los cambios en los mercados y las fuerzas geopolíticas, de manera que avancemos hacia la neutralidad del carbono, la seguridad energética y la asequibilidad".

El aumento de las subvenciones es una mala noticia para la lucha contra el cambio climático. El aumento de la inversión en tecnologías e infraestructuras energéticas limpias es la única solución sostenible a la actual crisis energética mundial y la mejor manera de reducir la exposición de los consumidores a los elevados costes del combustible", afirmó.

Tenemos que asumir la responsabilidad.

La enorme ola de calor que ha asolado Pakistán e India en los últimos meses demuestra una vez más la gravedad de la crisis climática. El futuro se presenta aún más sombrío si no frenamos drásticamente las emisiones de CO2. Pero quién debe asumir la mayor responsabilidad, se pregunta el científico medioambiental Aaron Van Poecke.

14 de mayo de 2022, Jacobabad, Pakistán. El termómetro muestra una temperatura de 51∘C. Para entonces, más de mil millones de personas en la India y Pakistán habrán sufrido una ola de calor sin precedentes durante más de dos meses, con temperaturas durante semanas y a veces muy por encima de los 40∘C. En la India se registró el mes de marzo más caluroso desde que se tienen registros, y en Delhi se registró la temperatura más alta de la historia, con 49∘C.

Además de las decenas o centenares de víctimas mortales, la cosecha de trigo se redujo entre un 10% y un 35% y se prohibió la exportación, la electricidad se interrumpió durante horas en varias regiones de Pakistán e India y los depósitos de agua se secaron. Una ola de calor que nos permitió vislumbrar lo que le espera a la región en las próximas décadas, según la científica del clima Arpita Mondal, del Instituto Indio de Tecnología de Mumbai.

Todo menos color de rosa

Una ola de calor de este calibre era un acontecimiento raro. No obstante, es probable que 2022 sea uno de los años más fríos que experimentará la región en las próximas décadas.

Según varios estudios, la probabilidad de que se produzcan estas olas de calor es hoy de 30 a 100 veces mayor que antes de la revolución industrial. La razón es la creciente concentración de CO2 y otros gases de efecto invernadero en nuestra atmósfera, causada principalmente por la quema de combustibles fósiles. A medida que esa concentración siga aumentando, la intensidad y la frecuencia de esas olas de calor no harán más que incrementarse.

Además, algunas regiones del sur de Asia son especialmente vulnerables debido a su clima húmedo. A partir de una determinada combinación de alta temperatura y humedad, el cuerpo humano ya no es capaz de refrigerarse y las consecuencias pueden ser fatales en cuestión de horas. Ciudades como Jacobabad se acercaron mucho a este límite superior durante la ola de calor. Sin embargo, el camino a seguir para evitar estos escenarios de desastre se conoce desde hace décadas: Hay que reducir drásticamente las emisiones de CO2.

Asumir la responsabilidad
La cuestión clave sigue siendo cómo recorrer ese camino y, sobre todo, quién lo lidera. Para responder a esta pregunta, el Norte Global no duda en señalar a

zonas densamente pobladas como China e India, regiones que sin duda tendrán que poner de su parte. Sin embargo, el chino medio emite menos de la mitad que el estadounidense medio, y el indio medio menos del 13%.

Además, Jason Hickel calculó que el Norte Global es históricamente responsable del 92% de la crisis climática, ya que países como Norteamérica y Alemania han emitido sistemáticamente durante décadas mucho más de lo que les "correspondía" per cápita. El hemisferio sur tiene muy poca responsabilidad histórica en ese sentido.

"Sobrepoblación"
"Sencillamente somos demasiados", mirando especialmente al sur de Asia y África, es esa otra excusa conveniente para no tener que tomar medidas decisivas de todos modos. Aparte
del hecho de que el crecimiento de la población lleva años disminuyendo y la población mundial avanza hacia el estancamiento, esa afirmación no sólo es barata, sino que también es errónea.

La Sociedad de los 2000 Vatios calculó que hay 2000 vatios de energía disponibles anualmente por ciudadano del mundo, lo que es suficiente para satisfacer todas las necesidades sin perder la calidad de vida actual (occidental). Es necesario evolucionar hasta esa cantidad para lograr una sociedad global sostenible

y equitativa. En comparación, Estados Unidos tiene actualmente 12.000 vatios, Europa Occidental 6.000, China 1.500, India 1.000 y Sudáfrica 500.
Los investigadores calcularon entonces, con motivo del Día del Sobregiro de la Tierra, que se necesitarían 5,1 tierras si todo el mundo viviera como el estadounidense medio, para un europeo occidental ronda las 3, China llega a una media de 2,4 tierras, India a 0,8 y Pakistán a sólo 0,5.

Según el Instituto de Política Medioambiental Europea, el 90% más pobre de la población mundial emite apenas más que el 10% más rico, y este último grupo es capaz de elevar el mundo por encima de 1,5°C de calentamiento por sí solo. Y lo has adivinado, ese grupo no suele vivir en las zonas a las que se apunta en relación con la superpoblación.

Países como India y Pakistán no son, ni mucho menos, la raíz de la crisis climática, pero sí están en la esquina en la que los más afectados (lo serán).

Además de la combinación de olas de calor y clima húmedo, que pone en peligro la vida, la región es propensa a los incendios forestales y las inundaciones, entre otras cosas, y prácticamente nadie está asegurado contra las consecuencias de este clima extremo.

Por último, la revista científica The Lancet informa de que el 92% de las muertes mundiales por contaminación se producen en países de bajos ingresos.

La cabeza en la arena

El último informe del Grupo Intergubernamental de Expertos sobre el Cambio Climático (IPCC) nos dice que cada vez que no tomamos medidas drásticas es una oportunidad perdida. Es hora de sacar la cabeza de la arena y hacer realidad el tratado de no proliferación de combustibles fósiles, propuesto por más de 2.500 científicos: no ampliar la producción de combustibles fósiles, eliminar los existentes y realizar una transformación equitativa hacia las energías renovables. Una reducción del 10% de las emisiones de CO2 al año es un comienzo difícil pero necesario. Todo el mundo tendrá que poner de su parte, pero las cifras anteriores, tanto del presente como del pasado, dejan claro que una puede pesar un poco más que la otra. Es hora de mirar de frente a nuestra responsabilidad histórica y actuar en consecuencia.

Los pecados de las grandes petroleras

Río de la muerte

Las investigaciones de la organización pacifista holandesa PAX apuntan a un desastre medioambiental en el noreste de Siria. Grandes cantidades de petróleo se están filtrando de los grandes tanques de almacenamiento en Gir Zero, contaminando gravemente las tierras de cultivo y los suministros de agua. Nos piden que nos lavemos las manos y desinfectemos las casas, pero nuestras calles son más peligrosas que el virus. El petróleo nos está enfermando".

En un día soleado de marzo, el petróleo entró a borbotones en un pueblo del noreste de Siria. Una corriente negra como el carbón se filtró lentamente por las carreteras, los campos e incluso las casas. Cuando los habitantes se dieron cuenta de la magnitud del desastre, ya era demasiado tarde para intervenir. Para muchos residentes, el derrame de petróleo de los grandes tanques de almacenamiento en la cercana Gir Zero es un escenario de desastre reconocible.

La fuga de marzo fue el resultado de la explosión de una antigua tubería. Las autoridades locales enviaron ayuda, pero no disponían de recursos para limpiar completamente la zona.

La organización pacifista holandesa PAX y su socio local, PEL-Civil Waves, documentaron el impacto del vertido

de petróleo. Encuestaron a las comunidades que
dependen de los recursos hídricos contaminados.

Utilizaron técnicas de investigación visual e imágenes de
satélite, información de fuentes abiertas y entrevistas
con los residentes.

El petróleo enferma a la gente
En 2018, el petróleo manchó los campos agrícolas
cercanos. Las inundaciones permitieron que la mugre se
extendiera hasta un kilómetro de las orillas del río Wadi
Rumeila. Los cultivos fracasaron debido a la sustancia
negra. En la ciudad de Tal Mashan vive el profesor
Ibrahim, de 35 años. Es uno de los residentes locales
que PAX entrevistó para el informe. Según Ibrahim, la
contaminación siempre ha sido un problema en la
región. Pero en los últimos dos años, la situación no ha
hecho más que empeorar debido a la mala gestión.
Desde el comienzo de la guerra civil en Siria, el gobierno
no ha intervenido para detener la contaminación.

"Me gustaría formar mi propia familia, pero no tengo
futuro en el pueblo", dice Ibrahim, "aunque tengo mi
propia casa aquí. Temo que mis hijos enfermen por la
contaminación del petróleo. Tengo que buscar trabajo
en otro sitio, porque ya no puedo contar con los
ingresos de la cosecha. Me siento angustiado y evalúo
mi futuro de forma sombría".

La mujer de Ibrahim ya ha tenido varios abortos. La
pareja también conoce a otras mujeres con el mismo

problema. Sospechan que está relacionado con el vertido de petróleo.

Los lugareños también llaman al río Wadi Rumeila el "río de la muerte". "Como la mayoría de los habitantes del pueblo, vivo con un miedo constante. Si tuviera la oportunidad de vivir en otro lugar, no dudaría en abandonar este sitio inmediatamente", dice Ibrahim.

Uno de los residentes pide ayuda al gobierno, sobre todo teniendo en cuenta la actual crisis de la corona. Piden que nos lavemos las manos y desinfectemos las casas, pero nuestras calles son más peligrosas que el virus. El aceite nos está enfermando. Nuestros hijos no pueden salir a la calle y no podemos dormir por el olor a crudo", dice.

Las gallinas están poniendo huevos negros
En 2017, había varias refinerías de petróleo en la región. Los habitantes protestaron contra ellas y exigieron su cierre. Según ellos, era peligroso para su salud y el medio ambiente. "Todavía hay muchas en los pueblos vecinos", dice Ibrahim sobre la situación actual.

El cielo se cubre con una franja negra de hasta treinta kilómetros", informa Ibrahim. Estas columnas de humo no sólo tienen un impacto negativo en la salud de las personas. El ganado también sufre la contaminación. La lana de las ovejas es negra y las gallinas ponen huevos negros".

En el informe, PAX escribe que muchos análisis de conflictos y programas de reconstrucción no dan prioridad a la limpieza de las regiones contaminadas. 'Cuando la degradación ambiental no es una consecuencia directa del conflicto, a menudo se ve'. Sin embargo, en 2017, las Naciones Unidas refrendaron en una resolución que los ríos y los recursos hídricos no deben ser contaminados con sustancias nocivas durante los conflictos armados y/o las acciones terroristas.

Por ello, PAX y PEL-Olas Civiles formulan en el informe recomendaciones para hacer frente a la contaminación por petróleo. Las organizaciones también quieren que se tomen medidas contra los riesgos para la salud de la población afectada.

Piden a la comunidad internacional y a las autoridades autónomas del noreste de Siria que apoyen a las comunidades locales. Por ejemplo, piden que se imparta formación sobre la contaminación del agua y del suelo a la población afectada. También piden que se invierta en la reparación de los depósitos de petróleo para garantizar una producción segura. Asimismo, recomiendan una planificación a largo plazo para hacer frente a la contaminación del suelo y los recursos hídricos.

Las grandes petroleras destruyen nuestros ríos, lagos, mares y océanos

Los crustáceos del Golfo de México crecen con gotas de petróleo en sus cuerpos. Los coyotes comen aves cubiertas de petróleo. Y los tiburones se asfixian cuando el petróleo recubre sus branquias. Estos son sólo algunos ejemplos de cómo el petróleo de la catástrofe de BP está envenenando la cadena alimentaria del Golfo de México, dicen los expertos y los ecologistas.

 Se han encontrado gotas de petróleo bajo el caparazón de cangrejos azules muy jóvenes que entran en las marismas del río Misisipi, dice Harriet Perry, directora del laboratorio de la Costa del Golfo de la Universidad del Sur de Misisipi. Esto podría tener consecuencias dramáticas porque muchos peces y aves se alimentan de este cangrejo joven.

 Jonathan Henderson señala que las aves manchadas de aceite son consumidas por los coyotes. Éstos, a su vez, son consumidos por los caimanes. Henderson trabaja para la Gulf Restoration Network, una organización dedicada a restaurar los recursos naturales de la región del Golfo. "¿Sabe
cómo mueren los pelícanos a causa del petróleo?", pregunta Dean Wilson, director de Atchafalaya Basinkeeper. "Abren las alas y creen que se van a secar al sol, pero en realidad se cuecen al sol. Miles de aves

mueren así por la codicia de una empresa extranjera".
La organización de Wilson se dedica a preservar los
ecosistemas de la cuenca del Atchafalaya, en la costa de
Luisiana.
 Demasiado poco

 Wilson está enfadado porque dice que BP hace muy
poco para proteger a los animales. Por ejemplo, la
empresa no hace nada para salvar a las crías de las aves
manchadas de petróleo, ni permite que otros ayuden en
las tareas de rescate, dice. "Hay que darse cuenta de
que se necesitan dos padres para criar a las crías en
estas zonas. Si uno de los padres entra en el petróleo y
el otro no puede criar solo a las crías, éstas mueren".

 Según Wilson, han muerto al menos tantas crías como
pelícanos se han rescatado, y el número rescatado es
"sólo la punta del iceberg".

 Según el gobierno estadounidense, hasta el 14 de julio
se han encontrado cerca de 3.000 aves a lo largo de la
costa del Golfo, 1.800 de ellas muertas y las demás
cubiertas de petróleo, y más de 500 tortugas marinas y
otros mamíferos muertos.

 Wilson también está preocupado por los
microorganismos que ingieren el petróleo,
especialmente a grandes profundidades en el Golfo,
donde BP ha estado hundiendo el petróleo mediante el
uso de productos químicos. "Grandes poblaciones de
ballenas y tiburones ballena migran justo donde está el

petróleo. Ya hemos visto que los tiburones no evitan el petróleo. Ya hemos visto bancos de cientos de tiburones ballena migrando justo por el Golfo de México. Abren la boca para filtrar el plancton, sus branquias se contaminan de petróleo y se asfixian".

Problemas con el petróleo en Gibraltar
Gibraltar ha sido durante años sinónimo de repostaje barato para el transporte marítimo internacional. Mientras que en los puertos españoles los barcos obtienen el combustible en tierra, en Gibraltar pueden ahorrar tiempo utilizando los surtidores flotantes. Con ello, Gibraltar pretende situarse en el mercado y, además, grava el combustible con impuestos más bajos. Por ello, el "Peñón" se ha convertido en los últimos años en un atractivo para los petroleros.

Sin embargo, este método -el "bunkering" en la jerga- también tiene riesgos. A finales de 2010, una de las bombas móviles quedó a la deriva debido a una tormenta. A tiempo, se evitó que miles de galones de petróleo fluyeran hacia el mar. Gibraltar suele minimizar este tipo de sucesos; los incidentes menores ni siquiera se comunican. En junio de 2010, la Junta de Andalucía presentó un informe en el que se demostraba que Gibraltar permitía la entrada de buques que no cumplían las normas internacionales de seguridad.

Los grupos ecologistas no están nada contentos con la situación. Esta zona alberga un gran número de delfines, ballenas y aves marinas", afirma Janet Howitt, del Grupo de Seguridad Ambiental de Gibraltar. Pero lo que está en juego es demasiado importante como para detener el bunkering". Justo antes de la crisis bancaria, el Banco Santander invirtió en una instalación de almacenamiento de petróleo cerca de aquí, en San Roque. Algunos barcos también ignoran las rutas marítimas para ahorrar tiempo, pasando por el hábitat de muchos animales'.

El gobierno español desempeña un doble papel en la historia: por un lado, prohíbe el bunkering en territorios españoles; por otro, fomenta el empleo en el sector petrolero. Howitt: "No hay que olvidar que en la zona más amplia, e incluyo a Marruecos en ella, hay mucho desempleo. Así que los puertos cercanos se benefician de la continuación de este proceso", dijo Howitt.

El bunkering ha aumentado exponencialmente desde 2002. Gibraltar obtuvo entonces la independencia financiera de Gran Bretaña y tuvo que encontrar la forma de financiar su autogobierno.

El bunkering se convirtió en un éxito, y el gobierno estudia ahora la posibilidad de iniciar lo mismo en el lado oriental de la península, donde actualmente no hay actividad portuaria. Para disgusto de los grupos ecologistas y los residentes de ambos lados de la bahía.

Fugas de petróleo en Brasil

En una audiencia, Chevron admitió que la fuga de petróleo frente a la costa de Brasil aún no ha sido tapada.

Según Luiz Alberto Pimenta Borges, responsable de medio ambiente de Chevron en Brasil, ahora se filtra menos petróleo al mar. Pero tuvo que admitir que el pozo no ha sido taponado. Borges hizo estas declaraciones en una audiencia pública en Macae, Brasil.

La fuga principal se ha tapado con cemento. Pero la empresa no sabe de inmediato cómo solucionar algunas de las fugas más pequeñas. Otros 2.400 barriles de crudo se han filtrado a la superficie del océano Atlántico desde que se taponó la fuga principal, según Chevron.

El jefe de la agencia medioambiental brasileña Ibama reveló que Chevron podría ser multada de nuevo. El 21 de noviembre de 2011, la empresa ya fue multada con unos 21 millones de euros. El fiscal de Río también quiere que la empresa pague 62 millones de euros por daños y perjuicios.

El petróleo vuelve a matar a los peces del mayor lago de Sudamérica
En el lago de Maracaibo, el mayor de Sudamérica, han vuelto a morir peces y cangrejos en masa debido a la contaminación por petróleo. Los pescadores señalan a la compañía petrolera estatal venezolana.

Cientos de pescadores venezolanos que trabajan en el sur del lago de Maracaibo no han tirado las redes desde la semana pasada. Los peces y cangrejos están muriendo en masa, dicen.

Fugas en el oleoducto

Según el gobierno venezolano, el derrame de petróleo fue causado por un ataque de la guerrilla colombiana contra un oleoducto a principios de marzo. Uno de los ríos que desembocan en el lago, el Catatumbo, pasa a medias por territorio colombiano.

Los pescadores dicen que la causa de la contaminación es mucho menos remota. "Viene del propio lago, de las tuberías de PDVSA", dice el pescador Francisco Rivero. Petróleos de Venezuela (PDVSA) es la compañía petrolera estatal de Venezuela.

"Nuestros barcos y redes están dañados por el petróleo, los peces se alejan", dice el pescador Jesús Hernández. "Hemos dejado de pescar y estamos ayudando a la gente de PDVSA a limpiar el petróleo. Pero pedimos que el gobierno reconozca los daños".

Extracción de petróleo desde 1910

El lago de Maracaibo, de 12.800 kilómetros cuadrados, situado en el oeste de Venezuela, está conectado con el mar Caribe. En él se producen regularmente vertidos de petróleo. Entre otros, en 2010 se produjo un aumento significativo de las mareas negras.

El petróleo se extrae intensamente en el lago desde la década de 1910. Según PDVSA, el lago tiene 6.000 pozos activos, que producen 700.000 barriles de 159 litros diarios y están conectados por 45.000 kilómetros de oleoductos.

Ocho barriles por día

El ministro de Energía y Petróleo, Rafael Ramírez, reconoció en 2010 que las fugas son "un problema crónico", pero que son "pequeñas cantidades", "no más de ocho barriles al día".

No sólo en el Lago de Maracaibo tiene PDVSA problemas con sus oleoductos. Al otro lado del país, decenas de miles de barriles de petróleo se filtraron de un oleoducto de PDVSA durante días en febrero. Entre otras cosas, el río Guarapiche se contaminó y medio millón de personas de la ciudad de Maturín se quedaron sin agua potable. PDVSA desplegó dos mil trabajadores para limpiar el petróleo.

Problemas de aceite tras el huracán

En la costa sur de Cuba, la gente está limpiando el petróleo que se filtró de una refinería en octubre de 2012 durante el paso del huracán Sandy.

 El petróleo se encuentra en la costa de la bahía en la que se encuentra la ciudad sudoriental de Santiago de Cuba. El petróleo se retiró primero mecánicamente. A continuación se aplicó un producto de degradación.

La primera fase se completó con éxito, según las autoridades. "
Durante 18 días de marzo y abril, utilizamos el bioproducto Bioil-FC en una distancia de 6,5 kilómetros en la costa de la parte occidental de la bahía. Ya se puede ver la mejora del ecosistema a simple vista", dijo Renato Estévez, del Ministerio de Ciencia, Tecnología y Medio Ambiente.

Refinería de petróleo
El vertido de petróleo se produjo en octubre de 2012, cuando el huracán Sandy pasó por la isla. En la refinería de petróleo Hermanos Díaz, situada justo al lado de la bahía, se rompió un dique alrededor de una balsa de oxidación.

El petróleo contaminó varios kilómetros de costa, sobre todo en la parte occidental de la bahía, concretamente la ensenada de Cajuma, la más cercana a la refinería, el islote de Cayo Granma y parte de la localidad costera de La Socapa, en la entrada de la bahía.

A finales de mes, los resultados finales del producto de la degradación deberían ser visibles, dijo Estévez. La siguiente fase se ocupará de la parte oriental de la bahía, donde la contaminación es menos grave.

Bioil-FC es un producto basado en cinco bacterias marinas que se alimentan del petróleo. Fue desarrollado por el Centro Cubano de Bioproductos Marinos y se utiliza desde 1992.

Deepwater Horizon vuelve a tener una fuga de petróleo

Un nuevo derrame de petróleo de una milla de largo en el Golfo de México puede atribuirse con certeza al desastre de la plataforma Deepwater Horizon de 2010. Pero aún no está claro si se trata de una nueva fuga.

La mancha de petróleo, a unos 80 kilómetros de la costa de Luisiana, fue descubierta en imágenes de satélite en septiembre, y ahora tiene unos 5 kilómetros de longitud. Los guardacostas estadounidenses tomaron muestras, que han sido analizadas en el laboratorio.

Esto demuestra con certeza que la nueva mancha de petróleo está relacionada con el vertido. El petróleo de la mancha tiene la misma composición que el liberado en la catástrofe de Deepwater Horizon hace dos años.

Enlace poco claro

Sin embargo, aún no está claro el origen exacto del petróleo. "El origen exacto del petróleo aún no está claro", dijo la Guardia Costera de Estados Unidos en un comunicado. "Posiblemente se trate de petróleo residual de la plataforma hundida o de restos en el fondo del mar".

BP, la compañía petrolera que operaba la plataforma junto con Transocean, también sospecha que el petróleo procedía de los restos, en particular de la larga tubería de perforación que conectaba la plataforma con el pozo.

Aceite fresco

Pero no todos están tan seguros. Ian MacDonald, profesor de oceanografía de la Universidad Estatal de Florida, pide cautela. "Todavía no está claro cuál es el origen del petróleo", afirma en el periódico estadounidense The Washington Post. "Es demasiado pronto para descartar que se trate de petróleo fresco del yacimiento".

Los guardacostas aún no están preocupados por la costa, porque la probabilidad de que la mancha llegue a ella es escasa. Si el petróleo procede efectivamente de la línea de perforación, podría ser de unos 1.800 barriles, una fracción de los 4,9 millones de barriles liberados al medio ambiente durante el desastre. BP y Transocean tienen hasta el viernes para presentar un plan de limpieza.

Los científicos encuentran millones de galones de petróleo "desaparecido" de BP

Parte del crudo "desaparecido" que fluyó en el Golfo de México en 2010 tras la catástrofe de la plataforma Deepwater Horizon ha sido encontrado por los científicos en el fondo marino. Allí, el petróleo está formando una bomba de relojería.

En 2010, se produjo una explosión en la plataforma de la empresa petrolera BP, lo que provocó que 750

36

millones de galones de crudo fluyeran hacia el Golfo de México en los meses siguientes. Hasta hace poco no estaba claro dónde había ido a parar todo ese petróleo. Ahora se han descubierto entre 23 y 38 millones de galones en el fondo del mar.

Un equipo de científicos de la Universidad Estatal de Florida rastreó el petróleo utilizando isótopos radiactivos. Trazaron un mapa de la concentración de carbono 14. Esta sustancia no se encuentra en el petróleo, por lo que los fondos marinos contaminados con petróleo destacan inmediatamente. Los científicos publicaron sus resultados en la revista Environmental Science & Technology.

A primera vista, parece una buena noticia que el petróleo se haya adherido al fondo marino, a decenas de millas de la costa y sin peligro inmediato para las poblaciones de peces. Pero no es así, dice Jeff Chanton, profesor de oceanografía del Estado de Florida.

Esto podría causar problemas en el Golfo durante años", afirma. Los peces se contagian de la contaminación a través de los gusanos que viven en los sedimentos, que son comidos por los peces. De este modo, la contaminación se extiende por toda la cadena alimentaria".

Además, el fondo marino suele ser más pobre en oxígeno que el agua de mar, por lo que las bacterias

tienen menos posibilidades de descomponer las
partículas de petróleo.

**Los pozos de petróleo y gas del Mar del Norte pierden
metano continuamente**
Las fugas de metano de los pozos son una de las
principales causas de las emisiones de este dañino gas
de efecto invernadero en el Mar del Norte. Así lo
afirman investigadores alemanes. Tanto los pozos
activos como los de petróleo y gas que ya no están en
uso pierden continuamente pequeñas cantidades de
metano.

 Científicos del Helmholtz-Zentrum für Ozeanforschung
Kiel (Geomar) y de la Universidad de Basilea afirman
que este problema puede ser mayor de lo que se creía.
Este tipo de vertido es ignorado tanto por las compañías
petroleras como por las agencias reguladoras, a
diferencia de los vertidos a través de pozos dañados.
Éstos suelen ser reconocidos y reparados rápidamente".

 Un ejemplo de emisiones procedentes de pozos
dañados es el accidente de la plataforma de perforación
Deepwater Horizon en el Golfo de México en 2001.

Microbios
Los investigadores encontraron fugas de metano en
pozos abandonados durante expediciones en el Mar del
Norte. El gas procedía de burbujas de gas situadas a
unos 1.000 metros por debajo del fondo marino. Al
perforar en busca de gas o petróleo a mayor

profundidad, estas burbujas se pinchaban. Normalmente, estas burbujas de gas no suponen un riesgo para la propia operación de perforación. Pero, al parecer, alteran el sedimento que rodea el pozo, permitiendo que el gas salga a la superficie del mar", explica Matthias Haeckel, de Geomar.

Los datos sísmicos muestran que alrededor de un tercio de los pozos del Mar del Norte tienen burbujas de metano dañadas que pueden estar perdiendo metano. Dado que hay más de 11.000 pozos perforados en el Mar del Norte, esto significa que puede estar escapando una cantidad significativa de metano", afirma Lisa Vielstädte, autora principal del estudio.

Los investigadores calculan que esto supone entre 3.000 y 17.000 toneladas de metano al año. En el océano, el metano es descompuesto en su mayor parte por los microbios, lo que provoca una acidificación localizada del agua de mar. En el Mar del Norte, la mitad de los pozos se perforan en lugares donde el agua es tan poco profunda que el metano del fondo marino puede llegar a la atmósfera.

La limpieza del petróleo envenenó el Golfo 52 veces más
El producto utilizado durante el vertido de petróleo de Deep Water Horizon en el Golfo de México empeoró las cosas. Según una nueva investigación, las sustancias químicas que descomponen el petróleo están amenazando el ecosistema.

Los 4,9 millones de barriles de petróleo vertidos en el Golfo de México en 2010 por la catástrofe de Deep Water Horizon desencadenaron un desastre ecológico. Los millones de galones del agente utilizado para limpiar el desastre parecen haber empeorado todo.

Una investigación realizada por el Instituto Tecnológico de Georgia y la Universidad de Aguascalientes (México) demostró que la mezcla de petróleo y el dispersante utilizado aumentó la toxicidad del agua de mar hasta 52 veces.

Sus conclusiones se publican en el próximo número de la revista Environmental Pollution.

¿El petróleo se dispersa de forma natural? En las pruebas de toxicidad realizadas en el laboratorio, el petróleo derramado de la plataforma Deep Water Horizon se mezcló con Corexit, el agente disolvente del petróleo utilizado tras la catástrofe del Golfo. Este agente hace que el petróleo se descomponga en partículas más pequeñas para que la naturaleza pueda descomponerlo más rápidamente.

Sin embargo, las pruebas de los investigadores demostraron que esta mezcla era 52 veces más tóxica que el petróleo solo. Sus conclusiones fueron que los peces cog, pequeños organismos pluricelulares utilizados a menudo en las pruebas para evaluar la toxicidad del agua de mar, murieron en masa. Las posibilidades de que sus huevos siguieran eclosionando se redujeron a la mitad. Esto último es especialmente grave porque las crías de pez cog están en el menú de camarones, cangrejos y peces jóvenes durante la primavera.

Los investigadores esperan que los resultados de su estudio animen a otros científicos a investigar el uso de petróleo y dispersantes en las cadenas alimentarias marinas y lograr una mejor gestión de los vertidos de petróleo.

"Todavía tenemos que determinar si el beneficio de descomponer el petróleo más rápidamente compensa el aumento de la toxicidad. Quizá debamos dejar que el petróleo se disperse de forma natural", dijo el coautor Terry Snell. "Llevará más tiempo pero será mucho menos tóxico para los ecosistemas marinos".

Se descubre que las perforaciones de petróleo y gas son la causa del deshielo del Ártico

La inmensa complejidad del problema climático vuelve a salir a la luz a través de un nuevo estudio. En él, los investigadores han estudiado la distribución de las partículas de hollín negras y absorbentes de calor en la atmósfera. Durante mucho tiempo se supuso que éstas procedían de las zonas residenciales. La combustión incompleta de estufas y cocinas en el noroeste de Europa, Asia y América del Norte era la mayor fuente de

hollín en la región polar. (Química y Física de la
Atmósfera)

 Por primera vez, los investigadores lograron desarrollar
un modelo que podía simular correctamente el
comportamiento de estas partículas de hollín. Para ello,
combinaron los datos relativos a la extracción de
petróleo y gas con nuevas y más detalladas mediciones
de las emisiones residenciales.

 Se ha comprobado que la quema del exceso de gas
liberado en las perforaciones petrolíferas representa
aproximadamente la mitad de las partículas de hollín
presentes en la atmósfera. El gas se quema a menudo
(quema en antorcha) porque su transporte es menos
rentable. La combustión incompleta de este gas
provoca una gran cantidad de hollín. Las medidas
intensivas adoptadas entre 2005 y 2011 permitieron
reducir constantemente la quema de gas. Sin embargo,
desde la aparición del fracking en Alberta, esta
tendencia se
ha invertido (Resilience.org 03/09 Gas Flaring, The
Burning Issue)

 Como el hollín es negro, absorbe mucho calor y, por
tanto, amplifica el calentamiento de la atmósfera. La
atmósfera contiene de media hasta un 3% de hollín.
Alrededor del 40% de éste parece proceder de la
combustión en antorcha. El
resto es producido por el transporte, las hogueras, las
estufas y los fuegos para cocinar. A la cabeza de las

emisiones de hollín se encuentra Rusia, donde flota hasta 10 veces más de este "carbono negro".

Junto con el fracking norteamericano y las condiciones meteorológicas específicas del norte de nuestro planeta, la mayor parte de este hollín acaba alrededor del Polo Norte. El calor adicional que absorbe allí se considera ahora la principal causa de que el hielo del Ártico se derrita mucho más rápido de lo previsto. Que eso se considere una catástrofe en Rusia es otra cuestión (De Morgen 15/09, Rusia envía buques de guerra al Ártico).

Y estos son sólo un par de ejemplos, con más de 280 catástrofes sólo con petroleros.

Las grandes petroleras arruinan las economías

Si queremos ayudarnos a nosotros mismos y a África, tenemos que invertir en los países pobres que tienen yacimientos de petróleo. Ese razonamiento lo sigue Estados Unidos, y por extensión el G8. Sin embargo, un nuevo informe documenta cómo la inversión en el sector petrolero está aumentando la deuda externa de esos países.

Los países en desarrollo que duplican su producción de petróleo deben entonces pagar una media de un tercio más de deuda. Aumentan su deuda externa en una media del 43% de su producto interior bruto. Estas cifras figuran en un nuevo informe de Oil Change International, el Institute for Public Policy Research y Jubilee USA Network.

Con la extracción de petróleo, los gobiernos de los países pobres pueden aumentar teóricamente sus ingresos, pero en la práctica ocurre justo lo contrario. Esto se debe a una combinación de factores: en previsión de los ingresos por exportación, los países exportadores de petróleo aumentan drásticamente su gasto. Los mayores ingresos del petróleo mejoran la calificación de los países en desarrollo, permitiéndoles pedir préstamos más baratos. El informe también encontró pruebas empíricas de un aumento de la deuda debido a políticas fiscales imprudentes y a las fluctuaciones del precio del mercado del petróleo.

Venezuela, Indonesia, Congo, México y Ecuador se citan como ejemplos de países exportadores de petróleo con una deuda externa disparada.

El estudio es especialmente relevante porque las naciones industriales más ricas están considerando invertir fuertemente en el petróleo africano en el futuro. Estados Unidos está elaborando un plan global para depender menos del petróleo de Oriente Medio y de los países de la OPEP. Para ello, el gobierno estadounidense está instando al Banco Mundial a aumentar la producción de petróleo en África, Asia Central y América Latina.

Los demás países del G8 también quieren impulsar la inversión en el petróleo africano. Los ministros de finanzas del G8 hicieron un llamamiento el 11 de junio durante los preparativos de la cumbre de la próxima semana en Gleneagles para eliminar todos los obstáculos a la inversión en África. Al menos el 60% de las inversiones en África son en petróleo y minerales.

La estrategia energética del G8 está en contradicción con el objetivo de desarrollar África, concluye Steve Kretzmann, de Oil Change International, uno de los autores del informe.

En particular, Estados Unidos está promoviendo el África Occidental como zona prioritaria de inversión. Nigeria tiene previsto aumentar su producción de

petróleo en un 160%. El estudio advierte que la deuda
externa de Abuja podría aumentar en 21.000 millones
de dólares en 2010. Actualmente, Nigeria, el mayor
productor de petróleo de África, tiene una deuda de
30.500 millones de dólares. El Banco Mundial calcula
que el 80% de los ingresos del petróleo van a parar al
1% de la población nigeriana.

Si el G8 quiere realmente abordar el cambio climático,
la deuda y la pobreza, según el informe, debe examinar
el hilo conductor de todas esas historias: el petróleo.

Petróleo y sangre en Kazajistán
El oeste de Kazajstán, rico en petróleo, se debate entre
las protestas y la represión. Cuando los trabajadores en
huelga incendiaron las oficinas de una empresa
petrolera y el árbol de Navidad de la plaza de la ciudad
también sufrió, la policía abrió fuego contra los
manifestantes.

Después de China y Rusia, Kazajstán es el mayor país de
Asia y, con sus 16 millones de habitantes, uno de los
menos poblados del mundo. Gracias a su riqueza en
materias primas, el país ha podido registrar sólidas
cifras de crecimiento desde su independencia hace 20
años. Con la crisis y la caída de los precios del petróleo,
eso cambió. Cuando estallaron las protestas, fue sobre
todo en respuesta al deterioro de las condiciones de
trabajo.

La aristocracia entre los trabajadores

Bruno De Cordier, asociado del Grupo de Investigación de Conflictos de la Universidad de Gante, vivió varios años en Kazajistán y escribió un libro sobre el país. Entre los trabajadores kazajos, los que trabajan en el sector del petróleo son prácticamente la aristocracia. El petróleo ha sido el motor del éxito económico de Kazajstán desde la década de 1990. Los trabajadores del petróleo se han beneficiado de ese auge con un fuerte aumento de los salarios en el sector, pero cuando llegó la crisis mundial, también fueron los más afectados".

Las protestas en el oeste de Kazajistán no son nuevas, aunque apenas han recibido atención en los medios de comunicación internacionales. Ya en mayo comenzaron las huelgas en dos ciudades petroleras occidentales, Aqtau y Zjangi Özen".

Cuando los trabajadores municipales de esas ciudades comenzaron a preparar la celebración de los 20 años de independencia, las protestas se intensificaron y varios edificios y el árbol de Navidad municipal ardieron en llamas.

La policía intervino violentamente, matando al menos a 10 personas. Otras fuentes dijeron que hubo más de 100 víctimas.

Huelgas ilegales

Tanja Niemeier viajó este verano a Kazajistán con una delegación de la GUE/NGL del Parlamento Europeo para conocer la situación. En ese momento, los trabajadores protestaban contra los despidos que habían caído y exigían mejores condiciones salariales".

'No sólo los empresarios se negaron a negociar, sino que incluso desde el aparato estatal se condenó la huelga y no hubo acercamiento ni consulta. En consecuencia, la protesta se convirtió también en política, y muchos se sumaron a ella. En su punto álgido, participaron unas dieciséis mil personas".

Los sindicatos oficiales son una reliquia de la época comunista y tienen estrechos vínculos con los que están en el poder. Estos no apoyan la protesta, y a los trabajadores no se les permite establecer su propia defensa. Así que, oficialmente, las huelgas son ilegales". El abogado contratado por los trabajadores del petróleo fue detenido y condenado a seis años de prisión "por agitar el conflicto social". Se ha cortado el tráfico de Internet y de teléfonos móviles en la región, la prensa está en manos del Estado y se ataca a los periodistas que informan.

¿Escenario tunecino?
Kazajstán está gobernado por el presidente Nazarbayev, quien, con la ayuda de sus hijas, su yerno y su entorno de oligarcas e industriales, ha mantenido un férreo control del país durante 20 años.

No se trata de una protesta general, los manifestantes están a nada menos que tres mil kilómetros de la capital Astana y del centro económico Almaty. Sin embargo, no hay que subestimar su importancia, dice Bruno De Cordier.

Geográficamente, las huelgas son aisladas, ya que tienen lugar en una zona remota. Pero no hay que subestimar su efecto psicológico.

Estos disturbios no se veían desde el final de la Unión Soviética, y son una bofetada a la historia de Kazajstán como éxito económico. Demuestran que detrás de las altas tasas de crecimiento hay otro Kazajistán".

La industria petrolera venezolana está en una espiral mortal
La corrupción en la industria petrolera estatal de Venezuela, que ha llevado a ex ministros y altos directivos a la cárcel, es la última prueba de que el sector se está hundiendo. Son malas noticias para la economía venezolana, que depende en gran medida del sector petrolero.

Según el economista Luis Oliveros, la producción de crudo ha caído en millones de barriles diarios. En diciembre, la producción fue de 2.894.000 barriles diarios, frente a los 1.837.000 de noviembre de 2017. Se basó en las cifras de la Organización de Países Exportadores de Petróleo (OPEP).

En 2018, la producción podría caer en otros 250.000 barriles diarios si se mantiene la tendencia actual. Venezuela, cofundadora de la OPEP en 1960 y el mayor exportador de crudo del mundo en ese momento, se habrá vuelto casi irrelevante como actor en el mercado del petróleo, afirma Oliveros.

Purga

Venezuela alberga el mayor yacimiento de petróleo conocido, la Faja del Orinoco, con una superficie de 55.000 kilómetros cuadrados y una cantidad estimada de 1.400.000 millones de barriles de crudo.

El petróleo es prácticamente el único producto de exportación del país, y representa el 95% de sus ingresos en divisas. A mediados de esta década, el petróleo representaba más del 20 por ciento del producto interior bruto (PIB). La mayor parte es propiedad de la empresa estatal Petróleos de Venezuela (PDVSA), que tiene algunas asociaciones con empresas transnacionales.

El presidente Nicolás Maduro inició a finales de noviembre una purga dentro de PDVSA, que había sido acusada de corrupción. Se espera que la nueva gestión, dirigida por un general nuevo en la industria, aumente la producción en un millón de barriles diarios.

El objetivo inmediato es cumplir con la cuota de la OPEP para 2017-2017, fijada en 1.970.000 barriles diarios, dijo el asesor presidencial Alí Rodríguez.

Inflación desmesurada

Para mantener la producción diaria actual, y no digamos para aumentarla, es necesario inyectar entre 4.000 y 5.000 millones de dólares en el sector", dijo Alberto Cisneros, director general de Global Business Consultants. La evidencia es que ese dinero no está ahí".

Con una economía que funciona de forma dramática, una inflación disparada, diferentes sistemas de cambio para una moneda que se deprecia a diario, escasez de alimentos y medicinas y una deuda externa de más de 100.000 millones de dólares, Venezuela no tiene el dinero que necesita la industria, afirma.

Además, el sector petrolero sufre problemas de gestión, ya que PDVSA despidió a unos 18.000 trabajadores en 2003 tras una huelga antigubernamental. Eso suponía aproximadamente la mitad de la plantilla de la empresa, afirma el ex viceministro de Energía Víctor Poleo (1999-2002).

La corrupción en el seno de PDVSA adquirió un rostro dramático este mes cuando 67 directores y gerentes de la empresa fueron enviados a prisión por delitos que van desde la falsificación de las cifras de producción hasta la malversación de fondos y el menoscabo de la soberanía del país.

Entre estas 67 personas se encuentran dos exministros de Petróleo del presidente Nicolás Maduro, en el poder desde 2013. Se trata de Eulogio del Pino y Nelson

Martínez. Ambos fueron también presidentes de PDVSA y de su filial estadounidense Citgo. Presuntamente perjudicaron a la empresa en la renegociación de las deudas.

Los fiscales también están investigando a Rafael Ramírez, ex ministro de Petróleo y presidente de PDVSA entre 2002 y 2014. Hasta noviembre, era el embajador de Venezuela ante las Naciones Unidas. Ramírez está acusado de blanqueo de dinero a través de la Banca Privada de Andorra.

Nacionalización

Según el diario El País, que dice estar en posesión de los informes en los que trabaja la jueza andorrana Canòlic Mingorance, personas cercanas a Ramírez aseguran que recibió al menos 2.000 millones de euros en comisiones ilegales entre 1999 y 2013.

PDVSA, una empresa que surgió de la nacionalización de la industria en 1975 y que durante años pretendió estar entre las cinco mejores petroleras del mundo, se esconde actualmente bajo una nube negra de acusaciones de corrupción, incompetencia y gestión fraudulenta.

La producción está cayendo por falta de inversión y mantenimiento, empezando por las envejecidas instalaciones del Lago de Maracaibo, que no producen más de 450.000 barriles de petróleo al día", dijo Cisneros. Desde 1914 se han perforado aquí más de

13.000 pozos petrolíferos, y hasta el siglo XXI la producción de la cuenca superaba el millón de barriles diarios.

Los campos petrolíferos relativamente nuevos del este representan el resto de la producción, pero la cifra de 1,3 millones de barriles diarios supuestamente extraídos de la Faja del Orinoco, según del Pino, está sujeta a examen judicial.

Estados Unidos y China
El experto venezolano Francisco Monaldi, afiliado a la Universidad Rice de Texas (EE UU), afirma que las exportaciones ya han caído a menos de 1,4 millones de barriles diarios. En noviembre, se exportaron menos de 500.000 barriles diarios a EEUU.

Durante casi un siglo, Estados Unidos fue el mayor importador de petróleo venezolano, con 1,5 millones de barriles diarios. Estas exportaciones siguen siendo la principal fuente de ingresos de Venezuela, junto con las exportaciones a China, que superan los 600.000 barriles por cuenta.

Las refinerías venezolanas no van mucho mejor, según Cisneros. Tienen una capacidad de 1,3 millones de barriles diarios. 'Durante unos años funcionaban al 90 o 95 por ciento de su capacidad, pero ahora es sólo un tercio, del 30 al 35 por ciento. Es incluso insuficiente para satisfacer nuestras necesidades de combustible'', afirma. El combustible se importa en parte.

También hay problemas de distribución en las 1.650 gasolineras del país de 31 millones de habitantes y 4 millones de vehículos.

Bajo precio del combustible
Uno de los problemas es el precio absurdamente bajo del combustible, el más bajo del mundo. Un litro de gasolina cuesta 1 bolívar, comparable a 10 centavos de dólar según el tipo de cambio oficial. En el mercado negro, sin embargo, con 1 dólar se pueden comprar 100.000 litros. PDVSA pierde entre 12.000 y 15.000 millones de dólares anuales por la venta de medio millón de barriles de combustible al día a este bajo precio.

También hay un problema de contrabando hacia Colombia, Brasil y el Caribe. Venezuela intenta frenarlo con controles y racionamiento, lo que provoca escasez y largas colas en las gasolineras de la región fronteriza.

PDVSA ha pagado este año los intereses atrasados de los bonos. Sin embargo, la filial estadounidense de la china Sinopec -socio que prestó más de 50.000 millones de dólares a Caracas- ha llevado a la petrolera estatal venezolana ante un tribunal estadounidense por 21,5 millones de dólares en facturas pendientes.

Sanciones de Estados Unidos
Las sanciones de Estados Unidos contra Venezuela dificultan la renegociación de las deudas del país y de

PDVSA. Las sanciones y las deudas no resueltas dificultan que los socios inviertan en empresas conjuntas. La industria petrolera venezolana está en una espiral mortal", afirma Monaldi.

Cisneros cree que la recuperación de la industria es posible, con un modelo organizativo totalmente diferente, como en Argentina. 'Allí hay una empresa de fachada, Enarsa, y una empresa ejecutiva, YPF, que es propiedad del Estado en un 51 por ciento, y tiene un 49 por ciento en la bolsa'.

Para lograrlo, dice, hay dos posibilidades. Una es que el régimen actual responda adecuadamente a la economía y al sector petrolero, otra es que haya un cambio político de poder para que el país pueda volver a beneficiarse de su capital humano, económico y petrolero", afirma.

El petróleo amenaza con desestabilizar aún más el Congo

El petróleo empobrece. Las nuevas reservas de petróleo podrían liberar al Congo de su posición de país en vías de desarrollo, pero, por otro lado, avivar aún más el malestar interno existente y los conflictos fronterizos. Un regalo envenenado, especialmente en las provincias orientales más empobrecidas, donde las tensiones han vuelto a estallar desde principios de este año. Sin un Estado fuerte y sin ayuda internacional, el Congo es un pájaro de mal agüero".

El petróleo aparece en el radar congoleño desde los años 60. Desde el año 2000, el interés internacional por el petróleo congoleño cobró impulso. Aunque la producción sigue estando muy por detrás de la de los países africanos de la OPEP, las exportaciones de petróleo han catapultado al Congo a la cabeza de los Estados subsaharianos de mayor crecimiento. Los nuevos descubrimientos de petróleo son algo positivo para la economía del Congo, pero la búsqueda abre la caja de Pandora en una región que históricamente parece tener patente de corso en los conflictos relacionados con los recursos.

La mayor amenaza para los bosques congoleños no es el carbón, sino el petróleo".
Un próximo informe de la ONU sostiene que la producción local de carbón vegetal tiene un impacto mucho menor en la deforestación de la cuenca del Congo de lo que se pensaba. Los proyectos petrolíferos son una amenaza mucho mayor, dice la autora Aurelie Shapiro. Habla de una "bomba de carbono gigante".

Los pequeños agricultores y los productores de carbón vegetal, en particular, son considerados responsables de la deforestación en curso en la cuenca del Congo. Pero los planes de extracción de petróleo y gas son una amenaza mucho mayor para el clima, según Aurelie Shapiro, autora principal de un informe de la Organización de las Naciones Unidas para la Agricultura y la Alimentación (FAO) que se publicará a finales de este año.

El mes pasado, la República Democrática del Congo sacó a subasta 27 concesiones de petróleo y tres de gas. Varias de esas concesiones se solapan con el complejo de turba tropical, uno de los mayores almacenes de CO2 del mundo. Shapiro habla de "una gigantesca bomba de carbono".

Compañías petroleras como Total, Eni, Exxon Mobil, BP, Equinor y Shell ya han descartado formalmente presentarse a la licitación. Pero los grupos ecologistas temen que las empresas más pequeñas, con menos control y normas más laxas, sólo aumenten el riesgo.

500 millones para la protección del medio ambiente
Según Shapiro, los planes también plantean cuestiones sobre la financiación del clima en la región. La Iniciativa Forestal Centroafricana (Cafi) proporciona a seis países de la cuenca del Congo dinero para proteger los bosques, cumplir los objetivos de desarrollo de la ONU y reducir la pobreza.

En su página web, el Cafi afirma que "la pérdida de bosques se debe a la pobreza, a la necesidad local de productos agrícolas y forestales (agricultura de corte y quema a pequeña escala y carbón vegetal), agravada por el fuerte crecimiento demográfico.

El acuerdo entre el Cafi y la RDC -con un valor de 500 millones de dólares- prohíbe las perforaciones petrolíferas sólo si son "incompatibles con los objetivos de conservación de las áreas protegidas". No identifica el valor del carbono de las turberas como motivo para impedir el desarrollo.

Supuestos

El carbón vegetal domina tradicionalmente la historia de la deforestación en la RDC porque su uso es omnipresente en el país. Apenas el 17% de los congoleños tiene acceso a la electricidad, según el Banco Mundial, y sólo el 9%, según el gobierno. El rápido crecimiento de ciudades como Kinshasa dispara la demanda de carbón vegetal.

Sin embargo, es poco probable que el carbón vegetal sea la principal causa de la pérdida de bosques, según Shapiro. El nuevo estudio de la FAO encargado por el Cafi examina en detalle las causas de la deforestación y la degradación de los bosques en la cuenca del Congo entre 2016 y 2020.

Conflicto fronterizo

En su último informe sobre África, el grupo de reflexión independiente International Crisis Group advierte de una mayor desestabilización de la región, junto a la degradación medioambiental, el mayor peligro de la extracción de petróleo no regulada. Según el experto en África Kris Berwouts, antiguo director de la Red Europea para África Central (EurAc), los recursos congoleños tienen desde hace tiempo una importancia estratégica. Primero fueron los minerales, luego la silvicultura y pronto el agua. Con el petróleo y el gas, el país vuelve a situarse en el mapa". Estados Unidos vuelve a considerar al Congo como una prioridad".

La mayor parte de los nuevos yacimientos de petróleo, divididos entre las provincias del Bajo Congo y el Este del Congo, se encuentran a lo largo de las disputadas fronteras con las vecinas Uganda y Angola. Fronteras que han provocado tensiones en la región durante más de cien años. Berwouts: "La batalla por el petróleo llega lejos. Durante las elecciones congoleñas de 2011, quedó muy claro que Angola quería provocar un cambio de régimen en Kinshasa. Eso no ocurrió. Pero mientras el Congo ha dejado temporalmente en suspenso sus reivindicaciones sobre los territorios marítimos, Angola sigue apoyando al régimen.

El reciente estallido del celo petrolero congoleño puede volver a cambiar la situación. Según el Crisis Group, el Congo debe establecer acuerdos fronterizos claros antes de extraer nuevo petróleo. Sin acuerdos precisos, el petróleo siempre será un factor de desestabilización", afirmó Berwouts.

Los investigadores analizaron imágenes de satélite de más de 12.000 parcelas de la región. Los resultados se publicarán en otoño, pero primero deben someterse a una revisión por pares.

Entre otras cosas, el estudio muestra que la deforestación durante el período fue mucho mayor que antes de 2015, pero no aumentó cada año. "Todo el mundo dice que la deforestación está explotando, pero nosotros no vemos esto", dijo Shapiro.

El estudio sostiene que la agricultura a pequeña escala sigue siendo la principal causa de deforestación en la región. Identifica una importante degradación de los bosques, en gran parte causada probablemente por la producción de carbón vegetal.

Pero los datos son irregulares. Aunque las imágenes por satélite han mejorado en la identificación de pequeños claros de bosque, no pueden determinar por qué se talan los árboles.

Un estudio de 2018 en Science Advances estima que la producción de carbón vegetal impulsa no más del 10% de la pérdida de bosques en la RDC.

Mordisqueando el borde
Según Shapiro, las comunidades pobres no tienen motosierras ni maquinaria pesada, sino que "la gente mordisquea el borde del bosque. Los árboles más grandes, que almacenan la mayor cantidad de CO2, quedan en pie.

Además, ese impacto en el bosque es mucho menor que el de actividades industriales como la minería y la agricultura a gran escala, señala. Las perforaciones petrolíferas, que aún no han comenzado en la región, no fueron examinadas en el estudio de la FAO.

Las comunidades locales utilizan las llamadas técnicas de tala y quema para talar los árboles cerca de las aldeas. Los cultivos duran de tres a cinco años, tras los cuales la tierra se deja en barbecho y la vegetación silvestre puede volver. A su vez, los árboles más jóvenes pueden ser cortados para producir carbón vegetal.

"La cuestión es que tenemos que dejar de culpar a la gente que no tiene alternativa", dice Shapiro.

Crecimiento económico
El gobierno congoleño argumenta que el país necesita la explotación de petróleo y gas para estimular el crecimiento económico y sacar a la población de la pobreza.

Las organizaciones de la sociedad civil celebran el renovado debate sobre la deforestación en la región. Las comunidades rurales son un objetivo fácil de culpar", afirma Alphonse Valivambene, director de una OSC del este de la RDC. Pide un enfoque más holístico de la política que tenga en cuenta la pobreza en la que vive la gente.

La ONG Rainforest Foundation lleva tiempo advirtiendo que los modelos de financiación y protección de los bosques en la cuenca del Congo se basan en "supuestos simplistas".
El énfasis desproporcionado en la agricultura a pequeña escala, realizada principalmente en rotación alrededor de los pueblos, hace que las amenazas industriales

pasen desapercibidas", dijo Joe Eisen, director ejecutivo
de la Rainforest Foundation UK.

Por su parte, Cafi no quiere hacer comentarios hasta
que se publique formalmente el estudio de la FAO.

Bomba de relojería

La búsqueda de petróleo también está alimentando el
malestar interno, especialmente en el este, donde el
conflicto profundamente arraigado entre grupos étnicos
se ha intensificado desde principios de este año. Los
enfrentamientos entre rebeldes armados, milicias
ruandesas y el ejército congoleño por los recursos
ilegales también son frecuentes.

Desde que el pasado fin de semana los rebeldes de Kivu
del Norte invadieron tres pueblos en la frontera con
Uganda, la situación es aún más crítica.

Los nuevos pozos de petróleo podrían estimular los
sentimientos separatistas de las provincias hacia el
gobierno central", advierte el Crisis Group. Una
industria petrolera en auge en el este podría poner en
tela de juicio el papel políticamente dominante de la
rica provincia minera de Katanga.

La descentralización no acaba de despegar en el Congo.
En el debate sobre la solidaridad y el equilibrio de poder
entre las provincias pobres y las ricas, la distribución de
los ingresos del petróleo desempeñará un papel
crucial", afirma Berwouts.

¿Maldición o bendición?
Para convertir la maldición del petróleo en una bendición, Kinshasa, con la ayuda de la Unión Africana y el Banco Mundial, debe regular sus disputas fronterizas, regular el sector petrolero e introducir una prohibición temporal de la exploración en zonas de alto riesgo. Si no lo hace, la batalla por el petróleo trastornará toda la región y el Congo será un pájaro de mal agüero", sostiene el Crisis Group.

Berwouts no ve ninguna salida sin ayuda externa. A nivel regional, la Conferencia Internacional para la Región de los Grandes Lagos (CIRGL), más que la Unión Africana, puede desempeñar un papel importante. La CIRGL es una colaboración entre 11 miembros: Angola, Burundi, República Centroafricana, Kenia, República Democrática del Congo, República del Congo, Uganda, Ruanda, Tanzania, Zambia y Sudán. Con el tiempo, esto podría convertirse en una buena herramienta para que los 11 resuelvan sus problemas transfronterizos con consultas y no con violencia. Sin embargo, la comunidad internacional debe contribuir a aumentar la visibilidad de esa organización y ayudar a reconstruir el Estado congoleño.

Berwouts: "El Congo está bajo una fuerte presión. Especialmente con la vorágine del pasado fin de semana en el este, es impensable que el Congo sobreviva a su problema del petróleo sin ayuda. El problema del petróleo, como todas las demás formas de explotación

de recursos, es un síntoma de un aparato estatal
podrido. Por algo se inventó la palabra "cleptocracia"
para este país. Si el agua se convierte pronto en el bien
más preciado en una región que gime bajo una sequía
crónica, no será diferente. Mientras no haya un Estado
congoleño responsable, los congoleños nunca se
beneficiarán de sus recursos".

Los indios de la Amazonia peruana están hartos del petróleo

Los indígenas de la selva amazónica de Perú están
considerando demandar al Estado peruano y a las
empresas petroleras extranjeras. Exigen que se ponga
fin a años de contaminación en las zonas donde viven.
Una demanda judicial sería la primera en Perú.

¡Arankartuktaram! (respétenos), es el lema de los indios
achuar. Este pueblo indígena vive en el corazón de la
selva peruana y ecuatoriana. Los achuar de la cuenca
del río Corrientes, afluente del Amazonas, sufren desde
hace 30 años la contaminación provocada por la
extracción de petróleo en su zona. La empresa
estadounidense Occidental Petroleum Corporation
(Oxy) comenzó a perforar en busca de petróleo en la
región en la década de 1970. Posteriormente, la
peruana Petroperú también comenzó a extraer petróleo
allí, y en 1996 se sumó Pluspetrol Norte, la filial peruana
de la petrolera argentina Pluspetrol.

"Nuestros derechos se violan sistemáticamente", se
queja Robert Guimaraes, vicepresidente de Aidesep,

organización que agrupa a los indígenas amazónicos peruanos. "El gobierno no castiga a las empresas que contaminan nuestros ríos y tierras. Queremos tomar medidas contra eso". La organización anunciará pronto las acciones legales que va a emprender. Mientras tanto, también ha conseguido que el asunto se incluya en el orden del día del parlamento peruano.

De los 8.000 indígenas achuar que viven en Perú, entre 3.000 y 4.000 sufren directamente las consecuencias de la extracción de petróleo, afirma Racimos de Ungurahui, una organización no gubernamental que defiende a los achuar. Los problemas volvieron a surgir la semana pasada en una reunión de líderes indígenas en Perú.

No falta material incriminatorio, juzga la Aidesep. En mayo, el Ministerio de Salud de Perú publicó un informe en el que se mostraba que la gran mayoría de los achuares encuestados tienen niveles peligrosamente altos de cadmio en la sangre. Los niños también tienen demasiado plomo en su organismo. Estos dos metales pesados, presentes en las aguas residuales de las empresas petroleras, pueden provocar graves problemas de salud. El estudio de los achuares se realizó a petición de la Feconaco, una federación de pueblos indígenas de la cuenca del río Corrientes.

Pluspetrol Norte, el mayor productor de petróleo de Perú, niega toda responsabilidad. La contaminación por plomo en el Corrientes y sus afluentes sigue siendo inferior al máximo legal, y no hay cifras fiables sobre la contaminación por cadmio en los ríos, afirma. Por lo tanto, no se ha demostrado que las actividades de la empresa petrolera sean la causa de los elevados niveles en la sangre de los habitantes del río.

Pero, según la ONG Racimos de Ungurahui, el gobierno debería examinar no sólo el agua del río, sino también los sedimentos del fondo de los cursos de agua. Como el nivel de los ríos sube y baja constantemente, gran parte de los metales pesados presentes en el agua del río se precipitan pronto.

Los activistas dicen que las lagunas y los lagos de la zona también están contaminados. De esa agua, los achuars obtienen su pescado. Y la fauna, otra importante fuente de alimento para los achuares, se iría de la zona a causa de la contaminación.

Los indígenas del distrito de Loreto exigieron en julio que se declarara el "estado de emergencia ecológica" en la cuenca del Corrientes, y que el gobierno tomara las medidas necesarias para vigilar continuamente el estado del medio ambiente en esa zona. También querían que el Estado peruano y Pluspetrol Norte trabajasen en la limpieza de las zonas de los achuares, y que obligasen a las empresas petroleras a cambiar a la última tecnología para reducir la contaminación ambiental.

El Ministro de Energía y Minas de Perú, Juan Valdivia Romero, dice que sus colaboradores están negociando con Pluspetrol Norte para acelerar la aplicación de una técnica en la que las aguas residuales se inyectan bajo tierra. Esto tendría poco impacto en el medio ambiente. Pluspetrol dice que ya ha perdido 210.000 barriles de aguas residuales de esta manera. Pero Racimos de Ungurahui dice que todo es demasiado lento, y que la empresa planea tratar sólo el 15% del total de sus aguas residuales de esta manera.

Roberto Ramallo, director general de Pluspetrol Norte, afirma que la empresa no quiere eludir su responsabilidad por la contaminación del pasado. Afirma que la empresa ya presta asistencia sanitaria gratuita a 18.000 personas cercanas a las instalaciones petrolíferas y construye o mejora escuelas para 4.000 jóvenes indígenas de la zona.

Las grandes petroleras alimentan los conflictos

El conflicto del petróleo y el gas en el Mediterráneo amenaza con agravarse

Para explotar los diversos yacimientos de gas y petróleo de la zona económica exclusiva (ZEE) que rodea a Chipre, el año pasado se realizaron varias maniobras con los países interesados, Grecia, Israel y Egipto. Éstas se vieron siempre eclipsadas por el músculo militar de Turquía. Para 2018, se teme que Turquía actúe de forma más agresiva y que el conflicto se agrave.

La isla de Chipre, dividida en una parte sur griega y otra norte turca, tiene planes de reunificación desde 2015. La situación parecía esperanzadora, ya que los presidentes de ambas partes del país apoyan ahora la idea. Y la extracción de petróleo y gas se había pospuesto hasta julio de 2017 a la espera de un nuevo intento de reunificación de la isla. "En ese tiempo, no ha habido nuevas señales de acercamiento por parte de ninguno de los dos presidentes", dijo al periódico Steven Van Hecke, profesor titular de política comparada y europea en la KU Leuven.

Al principio, la extracción de gas parecía dar un impulso adicional a la unificación, pero ahora parece estar abriendo una brecha entre el Chipre griego y el turco". Dado que el proyecto de unificación no se inició antes de las extracciones, esta decisión unilateral de la parte grecochipriota provocó naturalmente un recelo adicional", explica Van Hecke. Por otro lado, la decisión es lógica por parte de los grecochipriotas. No pueden ser pacientes para siempre y la situación no debe convertirse en un chantaje. Además, el erario de Chipre puede utilizar el dinero extra".

Perforación de petróleo y gas
Entre marzo y diciembre de 2017, el buque de perforación Saipem 12000 realizó tres exploraciones por encargo de las empresas Total y Eni en la zona económica exclusiva de Chipre.

Fue una decisión conjunta de Egipto, Chipre y Grecia. Turquía reaccionó de forma agresiva a esa decisión, enviando un barco fragata para "vigilar" el buque de instrucción.

Erdogan no quiere perder su control sobre Chipre. Se niega a enviar a casa a los 30.000 soldados turcos que hay en el norte de la isla, y tampoco puede dejar pasar los intentos de perforación sin amenazas", dijo Van Hecke. Pero es débil frente al Chipre griego, que se siente fortalecido por sus aliados, Grecia, y por extensión, la Unión Europea.

Desde 2004, el Chipre dividido es miembro de la UE y el Chipre griego es reconocido como representante de toda la isla.

Además, desde hace tiempo se está trabajando en un gasoducto. Este gasoducto irá desde Israel a través de Chipre y Grecia hasta Italia para explotar el yacimiento de gas de Afrodita en el bloque 12 de la ZEE. El 5 de diciembre, los ministros de Energía griego, grecochipriota e israelí y el delegado italiano firmaron un acuerdo para confirmar las negociaciones.

¿Qué nos deparará 2018?
Turquía encargó su propio buque perforador, el Deapsea Metro II, que atracará en el puerto turco en 2018. Si el Deapsea Metro II entra efectivamente en la ZEE chipriota con buques militares a su paso, la situación podría calentarse rápidamente. A corto plazo, me temo que la situación no mejorará", suspira Van Hecke, "pero Turquía es débil entre los países de su entorno, que apoyan la causa grecochipriota. Así que sospecho que Turquía se limitará a las amenazas".

El petróleo barato se hace sentir desde Teherán hasta Caracas
La fuerte caída de los precios del petróleo desde mediados de 2014 ha tenido consecuencias de gran alcance para la economía mundial, el medio ambiente y la política internacional. Los efectos más profundos se están produciendo, sin duda, en varios países exportadores de petróleo, como Venezuela, Nigeria e Irán. Los problemas presupuestarios a los que se enfrentan actualmente estos países podrían degenerar en disturbios sociales y políticos. Al mismo tiempo, el petróleo barato también ofrece oportunidades para que

las economías nacionales sean menos dependientes de los volátiles precios del petróleo.

A pesar de una ligera recuperación desde finales de enero, los precios internacionales del petróleo se encuentran en niveles históricamente bajos. En la actualidad, el barril de crudo del Mar del Norte, la referencia del grueso del comercio internacional de petróleo, cuesta unos 55 dólares. En junio del año pasado, superaba los 110 dólares. Así que en seis meses, el precio del petróleo se ha reducido a la mitad.

Esta bajada de precios ha sido una sorpresa para la mayoría. Nos
hemos acostumbrado en los últimos años a unos precios del petróleo que no solo eran muy altos, sino también sorprendentemente estables. Entre 2011 y mediados de 2014, los precios del petróleo rondaron constantemente los 110 dólares por barril. Esa estabilidad contrastaba con la montaña rusa de 2008, en la que los precios del petróleo subieron primero a un máximo histórico de 140 dólares por barril, para luego desplomarse a 30 dólares a una velocidad asombrosa en tan solo unos meses.

También fue extraño que los precios del petróleo cayeran en un momento en que los principales productores de petróleo estaban asolados por conflictos internos -Libia, Sudán, Irak, Nigeria y Siria- y sanciones -Irán y Rusia-.

La producción petrolera libia, iraquí y nigeriana se mantuvo bien en medio de la agitación, pero más de tres millones de barriles de petróleo quedaron adventiciamente fuera del mercado a partir de 2013. Normalmente, estos conflictos políticos asustan a los comerciantes de petróleo y vemos que los precios del petróleo suben en lugar de bajar.

En consecuencia, circulan todo tipo de teorías conspirativas sobre las causas del desplome de los precios del petróleo. Por ejemplo, habría un acuerdo secreto entre Estados Unidos y Arabia Saudí para atacar a sus archienemigos Rusia e Irán, con los que ya están librando una guerra por poderes en Siria. Por otra parte, otra teoría más popular habla de una guerra de precios entre los jeques petroleros saudíes y las empresas estadounidenses de fracking.

Sin embargo, la explicación más obvia de la caída del precio del petróleo es la ley de la oferta y la demanda. La ralentización
del crecimiento en la zona euro y en China hizo que la demanda de petróleo fuera menor de lo esperado, mientras que en el fondo, los productores de esquisto de Norteamérica aumentaban la producción año tras año.

A finales de 2014, la producción de petróleo de Estados Unidos era un 80% mayor que en 2008. Así, entró en el mercado un volumen adicional de 4,1 millones de barriles de petróleo, más de lo que producen todos los miembros de la OPEP excepto Arabia Saudí. Esta inyección adicional igualó aproximadamente las pérdidas de producción en otros lugares.

 Por lo tanto, la estabilidad del precio del petróleo desde 2011 hasta mediados de 2014 fue una mera coincidencia que enmascaró los cambios tectónicos en el lado de la producción. En retrospectiva, este período no fue más que la calma antes de la tormenta.

La OPEP entre el martillo y el yunque
Cuando los 12 miembros del cártel de la OPEP se reunieron a finales de noviembre, se enfrentaron a un doloroso dilema. O bien reducían su techo de producción, pero entonces estarían subvencionando de hecho a los productores de esquisto estadounidenses. O no hacían nada, pero entonces los presupuestos de algunos miembros del cártel se verían empujados (aún más) a los números rojos. Bajo la presión de Arabia Saudí, líder informal de la OPEP, se optó por la segunda opción.

 La decisión de la OPEP (o mejor dicho, la falta de decisión) hizo bajar aún más los precios del petróleo y puso de manifiesto un viejo cisma dentro del club del petróleo: la oposición entre las llamadas "palomas" y los "halcones".

Las palomas tienen reservas de petróleo más grandes y más baratas, poblaciones más pequeñas y mayores reservas financieras que los halcones. Arabia Saudí y los

73

Estados del Golfo son el principal exponente de ello.
Piensan más a menudo en su cuota de mercado a largo
plazo y son mucho más capaces de capear un periodo
de precios bajos.

Ese es un lujo que no tienen los halcones, incluidos Irán
y Venezuela. Quieren el precio más alto posible del
petróleo para maximizar sus ingresos. Aunque los
halcones son mayoría numérica, las palomas tienen las
mayores reservas y la mayor influencia en las
decisiones.

Por cierto, para quienes vivieron conscientemente la
década de 1980, la situación actual de los mercados del
petróleo parece un déjà vu.

También entonces los precios del petróleo se
desplomaron como consecuencia del exceso de oferta
en los mercados petroleros. La OPEP trató de invertir la
tendencia con cuotas de producción, pero en la práctica
sólo las cumplió Arabia Saudí.

Tras cinco años consecutivos de reducción de la cuota
de mercado, la paciencia de Arabia Saudí se agotó en
1986. Riad decidió entonces abrir completamente el
grifo del petróleo, con consecuencias drásticas. Hasta
2005, el precio real del petróleo (ajustado a la inflación)
no se recuperó a los niveles anteriores a la caída de
1986.

Los países árabes como ganadores estratégicos

La experiencia de los años 80 sin duda jugó a favor de Arabia Saudí en la última reunión de la OPEP en noviembre. El nuevo rey saudí Salman ya ha dado señales de que seguirá la línea, aunque la política de defensa de la cuota de mercado sea controvertida en su país. Arabia Saudí puede tener unos costes de producción más bajos y un colchón seguro de más de 700.000 millones de petrodólares, pero también sufrirá la caída del precio del petróleo. El reino necesita un precio del petróleo de 104 dólares por barril para equilibrar su presupuesto. Varios Estados más pequeños del Golfo tienen mejores resultados en este sentido, como los Emiratos Árabes Unidos (77,30 dólares), Qatar (60 dólares) y Kuwait (54 dólares).

La razón por la que Arabia Saudí necesita un precio del petróleo tan alto es que, desde la Primavera Árabe, ha aumentado todo tipo de gastos: el gasto social, el gasto militar (en 2013, Arabia Saudí saltó al cuarto puesto mundial después de Estados Unidos, China y Rusia) y la ayuda exterior en la región -incluyendo a Egipto bajo Al-Sisi, Jordania, Bahréin, Yemen y los grupos de la oposición siria-.

Por ejemplo, apenas unas horas después de que los generales egipcios dieran un golpe de Estado en El Cairo contra la Hermandad Musulmana en 2013, Arabia Saudí y los Emiratos Árabes Unidos estaban listos con un paquete de ayuda de 12.000 millones de dólares, unas 10 veces más que el apoyo de Estados Unidos al ejército egipcio.

A largo plazo, es probable que Arabia Saudí y los países del Golfo se conviertan en ganadores estratégicos del periodo de bajos precios del petróleo. Gracias a sus bajos costes de producción, ganarán cuota de mercado. Los regímenes amigos de Egipto, Marruecos, Túnez y Jordania obtendrán una factura más barata por el petróleo que importan, mientras que su rival, Irán, recibirá golpes. Por último, el grupo terrorista Estado Islámico, que obtiene gran parte de sus ingresos del contrabando ilegal de petróleo, verá disminuir sus ingresos.

Los perdedores: Venezuela, Irán y Nigeria
Venezuela -el país que, según BP, tiene las mayores reservas de petróleo del mundo- se considera el más vulnerable de todos los países exportadores de petróleo. Incluso antes de la reciente caída de los precios del petróleo, se hablaba de una inminente quiebra, como la que sufrió recientemente Argentina.

Dado que el país depende del petróleo para nada menos que el 96% de sus ingresos de exportación, los rumores de la palabra d (un impago) no han hecho más que intensificarse en las últimas semanas y meses.

La economía se ha contraído alrededor de un 3% en 2014, la inflación oficial ha subido a más del 63% y hay escasez de productos básicos como leche y papel higiénico. El gobierno ha llamado a los militares para mantener el orden. Ya el año pasado murieron 43 personas en las protestas contra el presidente Maduro, que a principios de enero volvió a llamar a la puerta de China para pedir préstamos. Desde 2007, China ha prestado más de 45.000 millones de dólares a Caracas, en parte a cambio de petróleo.

Los recortes necesarios en Venezuela podrían afectar no sólo a sus propios ciudadanos, sino también a muchos países del Caribe, que actualmente pueden comprar petróleo venezolano mediante créditos favorables en el marco del llamado programa PetroCaribe. Para países como Guyana, Haití, Jamaica y Nicaragua, esta ayuda supone el 4% del PIB. Pero le cuesta al gobierno de Caracas unos 2.300 millones de dólares al año.

Irán ya estaba luchando con los efectos de las sanciones económicas antes de que el precio del petróleo comenzara a caer. Las exportaciones de petróleo cayeron de 2,5 millones de barriles diarios en 2011 a 1,1 millones de barriles a finales de 2013. El país necesita un precio del petróleo de 130 dólares para pagar el gasto público previsto. Casi una cuarta parte de ese gasto, unos descuidados 84.000 millones de dólares, fue absorbida por las subvenciones energéticas nacionales en 2013.

Ningún otro país del mundo gasta tanto en subvenciones energéticas derrochadoras y contaminantes. Debido a las sanciones, Teherán no tiene acceso a unos 100.000 millones de dólares en

activos congelados en cuentas bancarias extranjeras, ni
puede simplemente ir al extranjero a pedir préstamos.

El presidente Rouhani intenta algunas reformas. El año
pasado subió el precio de la gasolina en un 75% y el del
gasóleo de calefacción en un 25%. Pero para el
presidente sigue siendo crucial que el nivel de vida
mejore, una promesa electoral suya, y que así la
economía vuelva a crecer.

Si los precios del petróleo no suben pronto, aumenta la
presión para encontrar una solución diplomática en la
tercera ronda de negociaciones nucleares, que
terminan en junio de 2015. Curiosamente, Rouhani dejó
claro a principios de enero que quiere hacer uso de un
determinado artículo constitucional para decidir
"cuestiones importantes" (léase: el programa nuclear)
mediante referéndum, al margen del Parlamento
(conservador). Esto puede indicar que quiere evitar a
los partidarios de la línea dura y llegar a un acuerdo con
Occidente.

Nigeria, donde las elecciones presidenciales previstas
para el día de San Valentín fueron recientemente
aplazadas, también está en el ojo del huracán. El país
depende en casi un 70% de los ingresos del petróleo,
que representa nada menos que el 90% de sus ingresos
por exportación.

El grupo terrorista Boko Haram está causando estragos
en el noreste del país, donde ahora controla una zona

del tamaño de Bélgica. Nigeria también se enfrenta a la corrupción generalizada y al robo de petróleo. Según un informe del think tank británico Chatham House, cada día desaparecen hasta 100.000 barriles de petróleo, por valor de miles de millones de dólares al año. Está claro que, sea quien sea el presidente, el riesgo de que continúe la inestabilidad es alto.

Dolores de cabeza en el Kremlin

De todos los países no pertenecientes a la OPEP, Rusia es probablemente el que tiene los peores papeles. La combinación de sanciones y petróleo barato está empujando al país a la recesión.

El rublo ha caído un 40% frente al dólar en 2014 y se ha producido una fuga de capitales generalizada.

La depreciación de la moneda también ha encarecido las importaciones, lo que resulta especialmente doloroso para una economía que depende del extranjero para casi todo menos para las materias primas.

Como resultado, la inflación subió al 15% en enero. Parece que Rusia está entrando en un periodo de estanflación: un peligroso cóctel de declive económico y aumento de precios.

Rusia vive al 50% de los ingresos del petróleo. Se calcula que necesita un precio del petróleo en torno a los 100 dólares para lograr el equilibrio presupuestario. Se prevé que la economía rusa se contraiga varios puntos porcentuales en 2015.

En cambio, en los años de crisis económica de 2008 y 2009, el país experimentó un declive económico de entre el 8 y el 10 por ciento. Por lo tanto, el tenor general en el Kremlin es que es probable que esta crisis se supere. Los rusos están acostumbrados a algunas dificultades.

La gran pregunta es si la recesión económica provocará una relajación o un endurecimiento de la política interior y exterior de Rusia.

Curiosamente, el presidente Vladimir Putin ha dejado caer recientemente que Ucrania debe seguir siendo una entidad política, y que se le debe permitir elegir a sus propios socios.

Pero eso fue antes de la masacre en la ciudad ucraniana oriental de Mariupol a finales de enero, y a menudo hay una gran distancia entre las palabras y los hechos de Putin.

A pesar de las advertencias del ministro de finanzas ruso de que el gasto militar se está volviendo insostenible y debe reducirse, Putin parece decidido a aumentar el presupuesto de defensa en los próximos años.

Diversificación

La expansión de los efectos de la caída del precio del petróleo en tantos países y sectores de la economía mundial demuestra la importancia que sigue teniendo el petróleo en el mundo actual. Pero las exportaciones de petróleo están más concentradas a nivel mundial que las importaciones.

En otras palabras, los países exportadores de petróleo son mucho más dependientes del mismo que los países importadores. En consecuencia, los erráticos precios del petróleo de los últimos años suelen tener un efecto yo-yo en la estabilidad económica y política interna de estos petroestados.

Aparte de las fluctuaciones de los precios, otra amenaza a largo plazo se cierne sobre estos países: la erosión de la demanda mundial de petróleo. El consumo de petróleo en Occidente ya alcanzó su punto máximo en 2005 y ha ido disminuyendo desde entonces debido al aumento de la eficiencia y al cambio a otras fuentes de energía. Esto coincide con el hecho de que alrededor del 35% de todas las reservas de petróleo deben permanecer bajo tierra para mantener el cambio climático por debajo del límite crítico de 2°C.

Por tanto, el sentido común dicta que los exportadores de petróleo traten de diversificar sus economías lo antes posible. De este modo, no sólo serán menos dependientes de los caprichos de los mercados internacionales del petróleo, sino que también contribuirán a la lucha contra el cambio climático.

El petróleo en el Sáhara Occidental provoca tensiones
Los activistas cuestionan los planes de una empresa
energética estadounidense de extraer petróleo en el
disputado Sáhara Occidental. Esta región forma parte
de Marruecos, pero los indígenas reclaman su
independencia.

Representantes empresariales estadounidenses y
marroquíes se reúnen esta semana en Rabat para
reforzar los lazos comerciales entre ambos países. Con
ello, el gobierno marroquí espera aprovechar el acuerdo
de libre comercio firmado con los estadounidenses en
2006. Quiere fomentar la inversión estadounidense en
Marruecos, presentándose como una puerta de entrada
a los mercados europeos y africanos y a Oriente Medio.

Marruecos quiere invertir fuertemente en la
exploración de petróleo y gas. Los inversores
internacionales se han centrado durante mucho tiempo
en la energía solar y los parques eólicos en Marruecos,
pero las empresas europeas y estadounidenses también
están codiciando concesiones para la posible extracción
de petróleo. Se dice que algunas reservas de petróleo se
encuentran en el Sáhara Occidental, donde muchos
consideran que Marruecos es una potencia ocupante.

Ilegal
Kosmos Energy, de Texas, es una empresa que ya está
buscando gas en alta mar en tres yacimientos de la
llamada cuenca de Agadir. Más controvertidos son los

planes de Kosmos de buscar petróleo en tierra, cerca de Cap Boujdour, en el Sáhara Occidental, a partir de octubre.

Grupos de interés, como Western Sahara Resource Watch (WSRW), cuestionan la legalidad de una presencia extranjera como la de Kosmos. "Los saharauis, los habitantes indígenas del Sáhara Occidental, están al margen de este proyecto", dijo Erik Hagen, presidente de WSRW. "Quieren que las empresas se vayan. Están trabajando con el gobierno, una fuerza de ocupación".

Después de que el Sáhara Occidental se independizara de España en 1976, Marruecos tomó la zona. Siguieron años de conflicto armado entre Marruecos y el Frente Polisario, apoyado por Argelia. La anexión del Sáhara Occidental no está reconocida internacionalmente, pero cuenta con el apoyo de algunos países.

Derecho internacional
En 2002, Marruecos autorizó a la empresa estadounidense Kerr McGee y a la francesa Total S.A. a explorar en busca de petróleo en el Sáhara Occidental. Las Naciones Unidas respondieron reconociendo de hecho el gobierno marroquí en el Sáhara Occidental. Los contratos específicos no son en sí mismos ilegales, declaró la ONU. Es sólo cuando la exploración y la extracción posterior implican los intereses del pueblo del Sáhara Occidental que violan los principios del derecho internacional.

Desde entonces, tanto las empresas petroleras multinacionales como los grupos de defensa del Sáhara Occidental han interpretado ese dictamen de la ONU, también conocido como dictamen Corell, en su beneficio.

Abi Nader, del Centro Marroquí-Americano para el Comercio y la Inversión, afirma que la extracción de minerales aporta beneficios económicos a la población local. Por ejemplo, se crean nuevos puestos de trabajo.

Kosmos Energy también se refiere al dictamen Corell. La empresa argumenta que Marruecos quiere repartir equitativamente los beneficios de la extracción de recursos en el Sáhara Occidental con la población indígena. Sin embargo, Hagen, de WSRW, cuestiona esas intenciones del gobierno marroquí. Afirma que los saharauis no quieren que el gobierno marroquí y las multinacionales extraigan petróleo y gas en su región. Esto haría que las actividades de Kosmos fueran ilegales, según el dictamen de Corell.

WSRW no sólo pide a Kosmos que abandone el Sáhara Occidental, sino que también insta a la empresa de perforación estadounidense Atwood Oceanics a que no entregue el equipo que Kosmos quiere para Cap Boujdour. Ninguna de las dos empresas ha respondido a la petición de comentarios.

Las grandes petroleras sabotean nuestro futuro

La parálisis de la cumbre del clima de Doha es el resultado del éxito de las presiones de la industria petrolera, según los activistas.

Los países en desarrollo están enfadados con Estados Unidos y la Unión Europea por negarse a reducir drásticamente sus emisiones de gases de efecto invernadero o a aceptar financiación adicional. Esa negativa está alimentada en parte por los intereses de la industria de los combustibles fósiles, incluidos los de los multimillonarios más ricos del mundo, los hermanos Charles y David Koch, dicen los activistas.

La riqueza combinada de los hermanos Koch se estima en 80.000 millones de dólares. Han gastado más que todas las compañías petroleras -incluida Exxon- en campañas contra la legislación medioambiental, financiando investigaciones científicas a su favor y bloqueando las subvenciones a las energías limpias, afirma el Foro Internacional sobre la Globalización (IFG) en un análisis.

"La razón por la que Estados Unidos no está haciendo más es que los hermanos Koch y otras partes interesadas están tratando de socavar cualquier política climática", dijo Victor Menotti, director del IFG.

El informe del IFG, "Faces Behind a Global Crisis", analiza, entre otras cosas, los intentos de los hermanos Koch de acelerar la construcción de un oleoducto para el petróleo de las arenas bituminosas canadienses.

También muestra cómo la agencia medioambiental estadounidense EPA está siendo atacada por sus intentos de regular las emisiones de CO2 e imponer normas más estrictas a la industria. "Los Koch se enriquecieron contaminando nuestro planeta. Y ahora utilizan su riqueza para amañar las normas en su propio beneficio", afirma el informe.

Frustrante
El informe llega después de que un estudio de 2011 identificara a 50 de las personas más ricas del mundo que tienen una enorme influencia en la actual crisis climática. "Demasiado poder se concentra en un pequeño grupo de personas. El dinero tiene que salir de la política", dijo Menotti.

El presidente de Estados Unidos, Barack Obama, debe alejarse de la política de hace unos años y darse cuenta de que existe un poderoso movimiento juvenil que quiere que se actúe sobre el clima, afirma una delegación juvenil estadounidense que asiste a la cumbre del clima de Doha. "Pasé seis meses ayudando en la campaña electoral de Obama. Él sabe que los jóvenes quieren que se actúe sobre el clima, pero todavía no hemos visto nada", dijo Hannah Bristol, de Washinton D.C.

"Queremos que Estados Unidos deje atrás el carbón, el petróleo y el gas. En las universidades y otros lugares se están haciendo todo tipo de cosas para conseguirlo, pero no podemos hacerlo solos", afirma Ian Karra, de Athens (Georgia).

Bristol dice que le decepciona que, especialmente después de todos los daños causados por el huracán Sandy a finales de octubre, Estados Unidos no esté tomando la iniciativa en Doha. "Es increíblemente frustrante ver lo poco que está ocurriendo aquí en Doha", dice.

Aumento de la temperatura

"La caravana de Doha se ha perdido en una tormenta de arena", afirma Ronny Jumeau, embajador del cambio climático de Seychelles y representante de la Alianza de Pequeños Estados Insulares (AOSIS). "Hay muy poca ambición aquí".

Por ambición, se refiere a la reducción de las emisiones de gases de efecto invernadero liberadas por la quema de combustibles fósiles. Incluso si los países cumplen sus objetivos actuales, es probable que la temperatura global aumente entre 4 y 10 grados, según los últimos datos científicos.

Jumeau afirma que los países insulares y menos desarrollados no sólo quieren que los países ricos les prometan una mayor reducción de las emisiones, sino también que esas promesas sean jurídicamente vinculantes. "De lo contrario, algunos países dirán dentro de unos años que la situación económica les obligará a romper las promesas", afirma.

Aunque los países no han asumido ningún nuevo compromiso en materia de emisiones, Alemania y Gran Bretaña han asumido un compromiso financiero con los países en desarrollo. Recibirán parte del dinero prometido durante los próximos dos años para mitigar el impacto del cambio climático.

Los países industriales han prometido aportar 100.000 millones de dólares anuales a un fondo llamado Fondo Verde para el Clima con este fin para 2020. Para cubrir el vacío hasta entonces, los países en desarrollo han solicitado 60.000 millones de dólares para 2015. A principios de esta semana, no había dinero disponible para el periodo 2013-2015. "Afortunadamente, eso ha cambiado ahora", dice Jumeau.

"Estados Unidos no está obligado a proporcionar financiación adicional", dijo Jonathan Pershing, jefe de la delegación estadounidense. Pero su país sí tiene intención de ayudar, sostiene. Tres estados norteamericanos dañados por el huracán Sandy piden 83.000 millones de dólares al gobierno federal para reparar los daños. El tifón Bopha, que arrasó Filipinas a principios de esta semana, es ya la decimosexta catástrofe meteorológica que golpea Filipinas este año. "En un contexto global, ¿son 100.000 millones mucho dinero ahora?", dijo Pershing.

La industria petrolera conoce el cambio climático desde hace medio siglo

Ya en los años 60 se dijo a la industria petrolera que las emisiones de CO2 procedentes de los combustibles fósiles provocarían "problemas medioambientales globales", como el deshielo de los casquetes polares y la alteración del clima. Esto es lo que dice un informe científico de entonces, que ahora ha salido a la luz.

El año pasado, otros documentos ya revelaron que las principales compañías petroleras estadounidenses y europeas conocían el problema climático al menos desde 1981, pero hicieron todo lo posible durante las décadas siguientes para ocultar ese conocimiento e incluso contradecirlo públicamente.

Ahora, nuevos documentos demuestran que la industria conocía el problema incluso mucho antes. Ya en 1968, los científicos del Instituto de Investigación de Stanford advirtieron sin ambages de los riesgos climáticos de las emisiones de CO2 a largo plazo.

Hielo que se derrite
En un informe dirigido al Instituto Americano del Petróleo (API), el paraguas de la industria petrolera estadounidense, los científicos predijeron que la concentración de CO2 en la atmósfera podría aumentar hasta 400 ppm en el año 2000 -un umbral que ya se ha superado- y que tal aumento podría tener una amplia gama de efectos nocivos para el planeta.

El informe, redactado hace casi medio siglo, afirma que "el hombre está inmerso en un vasto experimento geofísico con su entorno, la Tierra". A continuación, se lee como una predicción de las consecuencias del cambio climático en la actualidad. Para el año 2000, es casi seguro que se produzcan cambios significativos de temperatura (...) Si las temperaturas siguen aumentando significativamente, cabe esperar una serie de acontecimientos, como el deshielo de los casquetes polares, la subida del nivel del mar, el calentamiento del agua del mar y el aumento de la fotosíntesis".

"No podemos predecir con certeza lo que la contaminación a largo plazo hará a nuestro medio ambiente, pero no hay duda de que el daño potencial a nuestro medio ambiente podría ser grave", concluyen los científicos.

La carga de la prueba
El informe de Stanford es uno de los cientos de documentos publicados por el Centro de Derecho Ambiental Internacional (CIEL), un bufete de abogados especializado.

Comenzamos nuestra investigación con tres simples preguntas: ¿Qué sabían? ¿Cuándo lo sabían? ¿Y qué hicieron al respecto?", dijo Carroll Muffett, presidente del CIEL. Lo que descubrimos es que ya sabían mucho, y lo sabían mucho antes y con más certeza de lo que creíamos o de lo que ellos mismos admitían".

 Cuando empezó a crecer la preocupación pública por la contaminación atmosférica, la industria planificó una

campaña de investigación exhaustiva y bien coordinada
sobre el impacto de la contaminación atmosférica,
concluye CIEL. A
más tardar a mediados de los años 50, el cambio
climático se convirtió en una de las áreas
importantes de investigación. A través del llamado
Comité de Humo y Humo, no sólo se inyectó dinero en
sus propias investigaciones, sino que se atizó el
escepticismo entre la población y se desestimaron las
leyes medioambientales por ser precipitadas, caras o
innecesarias.

 Estos documentos se suman a un creciente conjunto de
pruebas de que la industria petrolera trabajó
activamente para socavar la confianza del público en la
ciencia del clima y cuestionar la necesidad de la acción
climática, incluso mientras sus propios conocimientos
aumentaban", dijo Muffett. Las pruebas son sólo la
punta del iceberg y requieren más investigación. Las
compañías petroleras tuvieron una oportunidad
temprana de reconocer la ciencia del clima y capacitar a
los consumidores para tomar decisiones informadas.
Pero adoptaron un enfoque diferente. El público tiene
derecho a saber por qué.

Deshacerse del petróleo aún no es para mañana
Para frenar el calentamiento global, los combustibles
fósiles deben desaparecer, empezando por el carbón. El
petróleo, sin embargo, seguirá dominando a lo largo del
siglo XXI. El suministro en Oriente Medio también
seguirá siendo incontaminado en las próximas décadas,

según Jean-Louis Nizet, secretario general de la Federación Belga del Petróleo.

"Para que la civilización sobreviva, debemos cultivar la ciencia de las relaciones humanas: la capacidad de todos los pueblos, de todo tipo, de vivir juntos, en un mismo mundo en paz".
Las declaraciones del presidente estadounidense Franklin Roosefelt (1882-1945) no han perdido nada de su actualidad en el siglo XXI.

La geopolítica del petróleo

Lo que es notable, por supuesto, es cómo Estados Unidos puso en práctica esa declaración. Ese mismo Roosefelt, que vivió dos guerras mundiales, hizo un pacto secreto con Arabia Saudí, un acuerdo de Petróleo por Seguridad, en febrero de 1945, antes del final de la Segunda Guerra Mundial. En él, Arabia Saudí prometió a Estados Unidos un acceso sin restricciones a sus reservas de petróleo a cambio de protección y asistencia militar a la dinastía saudí.

Para Estados Unidos, la política exterior, la seguridad energética y la seguridad nacional siempre han estado intrínsecamente ligadas", dijo Philippe Copinschi, experto en energía del Instituto Sciences Po de París y consultor independiente sobre Energía y África.
Copinschi fue uno de los ponentes del coloquio "Sacar el petróleo o dejarlo bajo tierra", organizado por la Red Belga de Recursos Naturales.

Por eso, a Estados Unidos no le interesa tanto extraer el petróleo: prefiere dejarlo en manos del mercado libre. Miren a Irak: lo han convertido en un supermercado del petróleo. Su preocupación es más bien controlar los flujos entre las zonas de producción y de consumo para asegurar el suministro. Además, Estados Unidos es la única potencia que tiene una presencia naval a escala mundial, con bases en todos los océanos y controles sobre los estrechos que son potenciales cuellos de botella".

Una cuarta parte del consumo de petróleo actual corresponde a Estados Unidos, mientras que sólo representa el 5% de la población mundial. 8 de cada 10 estadounidenses poseen un coche, en Bélgica son 5,6 de cada 10.

Un avión despega con petróleo, o no despega.
Así que seguimos firmemente en el petróleo. Y aunque hoy el petróleo apenas se utiliza para la producción de electricidad, para el transporte sigue siendo una fuente de energía indispensable. Entre dos tercios y tres cuartas partes del consumo de petróleo se destinan al transporte, y el 95% del transporte mundial se basa en el petróleo. Sólo el 10% del petróleo crudo se destina a la producción de plásticos y productos acabados de alto valor. Así que no hay globalización sin petróleo.

Copinschi: "En el caso de los vehículos, se está produciendo un cambio notable hacia los coches eléctricos, pero en el caso del transporte marítimo y la aviación, esto está todavía muy lejos en el futuro. Un avión despega con petróleo o no despega. Y la guerra moderna no puede prescindir del petróleo. El día en que el transporte pueda prescindir del petróleo, éste dejará de ser un recurso estratégico. Entonces se convertirá en una mercancía como el carbón, que la gente producirá mientras sea económicamente viable".

Sin embargo, estamos lejos de eso: según las Perspectivas Energéticas de la Agencia Internacional de la Energía, el petróleo seguirá siendo crucial en las próximas décadas. Después de 2040, el 70% de la energía para el transporte seguirá procediendo del petróleo. Esto también se desprende de las cifras de BP, que se consideran directivas en el sector petrolero.

La demanda de petróleo crecerá con especial fuerza en los países emergentes, según la Opec. En 2014 esa demanda era de 91 millones de barriles diarios, para 2040 se espera que aumente a 111 millones de barriles. En Europa y Estados Unidos, la demanda está disminuyendo, debido al aumento de la eficiencia energética, pero al mismo tiempo, una gran parte de la población mundial sigue hoy privada de la energía necesaria.

Salir del pico del petróleo. Petróleo en abundancia

Para el mercado del petróleo, esta demanda creciente ni siquiera es un problema, porque hay mucho petróleo en oferta, como demuestra el bajo precio del petróleo. En el último año y medio, se ha desplomado desde los 110 dólares por barril hasta los 50 dólares actuales. Se espera la misma tendencia para el próximo año, cuando el petróleo iraní vuelva al mercado tras el levantamiento de las sanciones.

Según Philippe Copinschi, la teoría del pico del petróleo está por tanto obsoleta hoy en día. El geólogo que planteó esta teoría en los años 50 no había tenido en cuenta los recursos petrolíferos de Alaska ni el progreso tecnológico de la época". Copinschi califica de espectacular ese progreso tecnológico en el sector petrolero. Mientras que antes sólo salía a la superficie un 35% del petróleo de un yacimiento, considerado fácilmente extraíble y, por tanto, económicamente viable, hoy ese porcentaje ha aumentado considerablemente. La mayor parte del crecimiento de la producción procede de eso, más que de la perforación de nuevos yacimientos.

Otro factor es la oferta de petróleo no convencional, procedente de las arenas bituminosas o de los yacimientos de petróleo en aguas profundas, que en su momento no tenían precedentes y no eran explotables. Eso también hizo que entraran en el mercado nuevos actores, como Canadá y algunos países latinoamericanos con petróleo en aguas profundas, como Brasil y Venezuela.

Y por último, está el gas y el petróleo de esquisto en EE.UU. Jean-Louis Nizet, secretario general de la Federación Belga del Petróleo: "Estados Unidos ha duplicado su producción en cinco años y se convirtió en el primer productor mundial en 2014. El año pasado superaron más barriles de petróleo que Arabia Saudí, con 11 millones de barriles al día. t Arabia Saudí no respetó la cuota y siguió bombeando. Eso es "du jamais vue dans le monde du pétrole".

Arabia Saudí es única

Sin embargo, incluso en este contexto de exceso de oferta y de petróleo de esquisto estadounidense, las reservas de Oriente Medio, concretamente de Arabia Saudí, siguen siendo cruciales. Nizet: "En la producción mundial de petróleo, siempre hay tres en el escenario: Estados Unidos, Rusia y Arabia Saudí, y de vez en cuando sus posiciones cambian. Pero Arabia Saudí tiene una importancia especial. La región sigue representando el 60 por ciento de las reservas probadas de petróleo disponibles, con la gran diferencia de que son "flexibles". Es decir, pueden ajustar rápidamente la capacidad de producción cuando otros productores se retiran para estabilizar el mercado. Eso ocurrió en 2011, cuando la producción de petróleo de Libia prácticamente se cayó. Libia producía 1,5 millones de barriles diarios, algo menos del 2% de la producción mundial. Arabia Saudí respondió inmediatamente aumentando la producción".

Abandonar el petróleo, un imperativo moral

La única amenaza real para la industria petrolera es el calentamiento global. Copinschi, "Quemar petróleo calienta inevitablemente el clima; necesitamos urgentemente encontrar una alternativa. La edad de piedra no se detuvo por la escasez de piedras, sino por el avance de nuevas técnicas". Copinschi también tiene otro argumento: "Dentro de unas décadas, la gente nos va a llamar realmente locos por haber utilizado un recurso tan valioso como el petróleo sólo para quemarlo en los vehículos en lugar de reservarlo para fabricar productos de alto valor".

Esta realidad está empezando a calar. Desde hace años se están llevando a cabo campañas para eliminar las subvenciones a los combustibles fósiles en todo el mundo.

Según los ecologistas, el nuevo acuerdo climático debería ayudar a concretarlo. Algunos países también han empezado a hacerlo, aprovechando el bajo precio del petróleo.

Está el movimiento de desinversión, que insta a las instituciones a dejar de invertir en proyectos relacionados con el petróleo, ya que esto puede dar lugar a activos varados y a una burbuja del carbono: valores que pierden su valor, cuando ese futuro petróleo ya no podrá ser quemado, y por tanto puede provocar otro desplome de los mercados financieros.

Carbón de salida

En la última reunión del G7 (Estados Unidos, Alemania,
Gran Bretaña, Francia, Italia, Japón y Canadá), celebrada
en junio, los mayores países industrializados se
comprometieron a eliminar de forma permanente el
consumo de combustibles fósiles (carbón, gas y
petróleo) para finales de siglo, empezando por prohibir
el carbón para la producción de electricidad. Esto
incluye una profunda transformación del sector
energético para 2050.

Desde 2010, ya se han suspendido 63 GW de centrales
de carbón previstas en el G7. 124 GW de plantas
antiguas han cerrado o cerrarán de aquí a 2020.

En cuanto al petróleo, Estados Unidos también es un
peso pesado en el uso del carbón, con 288 GW de
generación de electricidad a partir del carbón. Eso es
más del doble que los demás países del G7 juntos. Pero,
al mismo tiempo, están a la cabeza de la iniciativa. Se
han comprometido a cerrar 84 GW para 2020 y a no
construir ninguno nuevo. EE.UU. también se muestra
activo a la hora de bloquear más financiación en
proyectos de carbón.

Para Alemania, con la Energiewende, es una cuestión
difícil, pero las fuertes pérdidas en las nuevas plantas de
carbón han agudizado la conciencia de que es hora de
abandonar el carbón.

Gran Bretaña quiere cerrar todas las centrales de
carbón para 2025. Así lo ha prometido la ministra de

Clima y Energía, Amber Rudd. Las propuestas concretas para ello estarán sobre la mesa en la primavera del año que viene. Las viejas centrales de carbón están desapareciendo rápidamente, pero en el segundo trimestre de 2015 más del 20 por ciento de la electricidad seguía siendo producida por centrales de carbón. Algo más del 30% de la electricidad británica procede de centrales de gas. La electricidad procedente de fuentes renovables es del 25,3% y la nuclear del 21,5%. Francia e Italia también están tomando medidas concretas.

Sólo Japón y Canadá destacan por su fuerte dependencia del carbón. Japón planea actualmente la construcción de 48 nuevas centrales de carbón, que suponen 27 GW. Desde la catástrofe nuclear de Fukushima, el país ha vuelto a depender en gran medida del carbón. Canadá está plenamente comprometido con la extracción de su petróleo de arenas bituminosas, altamente contaminante y con altas emisiones de CO2. El país también se salió del Protocolo de Kioto, argumentando que la extracción de esas arenas bituminosas le impediría cumplir sus objetivos.

Según algunos analistas, este compromiso del G7 es demasiado poco y demasiado tarde. En lugar de a finales de siglo, sería mejor trasladar ese objetivo a 2050. Además, grandes emisores como China e India no están incluidos en el acuerdo.

¿Cuándo abordará Amberes sus exportaciones de petróleo "sucio"?

Cada año se exportan decenas de miles de toneladas de combustible con alto contenido de azufre desde el puerto de Amberes a África. Un combustible que no cumple las normas europeas y que tiene un enorme impacto en las personas y el medio ambiente. Las investigaciones en Flandes y Amberes revelan: no lo estamos haciendo.

Todo empezó con una invitación de la ONG suiza Public Eye: si queríamos estar presentes en la descarga de un contenedor en el puerto de Amberes. Ese contenedor contenía barriles llenos de "aire sucio" procedentes de Ghana e iba a ser puesto en el ferrocarril hacia Suiza.

La protesta se denominó acertadamente "devolución al remitente". Al fin y al cabo, el aire sucio llegaba a la sede de Trafigura, una empresa suiza dedicada al comercio de combustible.

Basándose en encuestas por muestreo en ocho países africanos, Public Eye había determinado que varios comerciantes europeos de combustible enviaban cada año a África Occidental toneladas de gasóleo con niveles de azufre muy superiores a la norma europea. Un atentado contra la salud pública y el medio ambiente. En efecto, el gasóleo con alto contenido de azufre está asociado a elevadas emisiones de hollín y partículas.

Amberes, el remitente

Regreso al remitente, hacia Suiza... pero quienes leyeron el informe con un poco más de atención pronto se dieron cuenta de que el contenedor no pasaba por Amberes. Amberes pertenece a la llamada región ARA, que incluye los puertos de Amsterdam, Rotterdam y Amberes. La región ARA parece ser la base perfecta para la producción y exportación de gasóleo de baja calidad hacia África.

Según Public Eye, el 50% del combustible importado en África Occidental procede de la región ARA. Además, se dice que el 80% del gasóleo procedente de la región ARA contiene un contenido de azufre muy superior a la norma europea. Mientras que Europa permite un contenido de azufre de 10 ppm (partes por millón), el combustible de la llamada "calidad africana" contendría a veces más de diez veces la cantidad de azufre.

Control de calidad e informes de seguridad

Entonces, ¿no se controla la calidad del combustible destinado al mercado no europeo? Una llamada telefónica al Servicio Público Federal de Economía revela que no existe una legislación específica al respecto. El Fondo de Análisis de Productos Petrolíferos (FAPETRO) comprueba anualmente en todos los surtidores y almacenes públicos si los productos del mercado belga cumplen los criterios europeos.

Y casi siempre es así", dice la portavoz Chantal De Pauw. 'De hecho, durante las inspecciones, FAPETRO no hace ninguna distinción entre los depósitos. Tampoco indica nada sobre líneas de producción separadas para el combustible en el extranjero'. Es posible. 'Pero', añade la propia De Pauw, 'Bélgica también desempeña un papel importante como país de tránsito. Esos productos petrolíferos no se destinan al mercado belga, por lo que tampoco existe una supervisión legal para ellos".

Es difícil saber si se produce combustible de baja calidad en Amberes y dónde. El informe de Public Eye menciona una serie de terminales en Amberes, desde las que supuestamente operan comerciantes suizos (Vesta Terminals, Sea Tank Terminal, Gunvor Petroleum, ATPC).

¿Saben los propietarios de las terminales qué es exactamente lo que se almacena o produce en sus instalaciones? Como proveedor de servicios en la industria petrolera, no somos dueños de los productos en los tanques", dice Vesta Terminals, por ejemplo. 'La terminal no tiene ninguna influencia, ningún conocimiento y tampoco tiene derecho a rechazar las transacciones de su cliente. Al mismo tiempo, actuamos permanentemente en pleno cumplimiento de la legislación pertinente'.

A continuación, se refiere a los propios comerciantes. Sin embargo, las terminales están sujetas a la normativa SEVESO. Ésta se elaboró tras una catástrofe industrial química ocurrida en Seveso (Italia) a mediados de los años 70. La Directiva europea SEVESO tiene por objeto "prevenir los accidentes graves en los que intervengan sustancias peligrosas y limitar las consecuencias de dichos accidentes para el hombre y el medio ambiente".

Las empresas de SEVESO -que producen, utilizan, manipulan o almacenan sustancias peligrosas en mayores cantidades- están por tanto sujetas a una serie de normas de seguridad y medidas de protección.

Los denominados establecimientos de alto umbral también están sujetos a un informe de seguridad mínimo quinquenal. Sólo que este informe se centra en la seguridad de las personas y el medio ambiente en casa. Ni una palabra sobre la calidad de las sustancias producidas y su impacto, por ejemplo, en África.

225.000 toneladas de gasóleo sucio
Por lo tanto, no hay control de calidad sobre lo que "sale". Sin embargo, los exportadores sí tienen que declarar a las aduanas la naturaleza de sus productos exportados. Esto se hace sobre la base de los códigos internacionales del Sistema Armonizado (HS), una combinación de ocho dígitos que describen con precisión la composición de la mercancía y también dicen algo sobre el contenido de azufre.

Los datos aduaneros alimentan las estadísticas de exportación del Banco Nacional de Bélgica. En efecto, éstas muestran que en los últimos años Flandes ha exportado a África Occidental muchas toneladas de gasóleo con un contenido de azufre superior al permitido en Europa.

El mayor comprador es Togo, con su puerto Lomé, que, según Public Eye, actúa como centro de tránsito. Los grandes petroleros llegan a las aguas de Lomé. Su carga se transborda a barcos más pequeños y luego sale hacia el interior de África.

El año pasado (2015) se registraron más de 225.000 toneladas. Solo los Países Bajos lo hicieron mejor. Que recibió 305. 798 toneladas de gasóleo "sucio" el año pasado. De acuerdo, el combustible puede utilizarse como fuente de calor de forma totalmente legal en Europa. Pero ese argumento parece demasiado ligero para explicar la elevada cifra de exportación. Otro hecho es que algunas refinerías de petróleo de los tres puertos de la ARA trabajan conjuntamente, lo que significa que los barcos que transportan productos petrolíferos van y vienen constantemente entre Flandes y los Países Bajos.

Ámsterdam en acción
El informe de Public Eye fue motivo suficiente para que el Ayuntamiento de Ámsterdam, propietario de la Autoridad Portuaria de Ámsterdam, se ocupara del asunto. El jueves pasado, 37 de los 45 concejales votaron a favor de una moción para prohibir la producción de combustibles tóxicos. Esto se haría mediante un convenio con acuerdos vinculantes entre la Autoridad Portuaria y las empresas.

La concejal de Ámsterdam, Kajsa Ollongren, subrayó que no puede prometer que ese pacto se cumpla. No puedo imponer este tipo de prohibición", declaró en Het Parool. No existen instrumentos legales para frenar el gasóleo con alto contenido en azufre. Ollongren parece esperar más de la cooperación con otros puertos, concretamente Rotterdam y Amberes.

Al mismo tiempo, Ámsterdam pidió a Lilianne Ploumen, ministra holandesa de Cooperación al Desarrollo y Comercio Exterior, que planteara la cuestión del transporte de combustibles tóxicos a nivel internacional.

Ploumen dio un primer paso en ese sentido el pasado lunes. Junto con su colega nigeriana Amina Mohammed (ministra de Medio Ambiente, antigua enviada especial de la ONU para los Objetivos de Desarrollo Sostenible), organizó una mesa redonda. Allí, actores de la sociedad civil, organizaciones internacionales y gobiernos se pusieron de acuerdo para hacer frente a la contaminación atmosférica causada por el diésel sucio en África Occidental.

Según Ploumen, la normativa europea no conduce a una solución porque el comercio de gasóleo sucio no está prohibido a nivel internacional. Por tanto, según ella, los países en desarrollo deben establecer sus propias normas para mantener alejados los combustibles sucios. Sin embargo, la ministra holandesa sí espera que las empresas "entablen conversaciones con sus colegas y los gobiernos locales para colaborar en la elaboración de combustibles más limpios y una mejor normativa".

El argumento de Ploumen de que los países africanos también son responsables tiene sentido. También aparece en la defensa de los comerciantes de combustible. Estos no niegan que haya flujos de gasóleo con alto contenido de azufre hacia África. Vitol, por ejemplo, uno de los "principales acusados" suizos y activo en el puerto de Amberes, reveló que el suministro de gasóleo en África es un negocio muy competitivo.

"El licitador más barato gana. Pero al hacerlo, Vitol siempre actúa de acuerdo con las especificaciones del mercado correspondiente". Léase: no hacemos nada ilegal. En efecto, exportar gasóleo con alto contenido de azufre no es ilegal, siempre que los países afectados no establezcan normas más estrictas.

Pero desde el informe de Public Eye, tampoco se han quedado de brazos cruzados en África. El pasado lunes, el Programa de las Naciones Unidas para el Medio Ambiente (PNUMA) anunció que Nigeria, Benín, Togo, Ghana y Costa de Marfil dejarán de importar gasóleo europeo con un contenido excesivo de azufre. Hoy estamos dando un paso de gigante", declaró la ministra nigeriana de Medio Ambiente, Amina Mohammed. Estamos reduciendo el límite de contenido de azufre de

3.000 ppm a 50 ppm. Esto supondrá una gran mejora de la calidad del aire en nuestras ciudades y también nos permitirá establecer normas modernas para nuestro parque automovilístico.'

Flanders no está a bordo

Mientras en Ámsterdam, La Haya y África las marionetas bailaban, en Amberes y Flandes se mantenía un silencio notable. Llamando por teléfono a la Autoridad Portuaria, al concejal del puerto y al ministro-presidente flamenco, nos enteramos de que nadie parecía estar al tanto de lo que ocurría a nuestro alrededor en las últimas semanas. A pesar de que el puerto de Amberes desempeña un papel importante en la exportación de "gasóleo sucio".

El Ministro flamenco de Cooperación al Desarrollo y Comercio Exterior, Geert Bourgeois, se encuentra actualmente de visita de trabajo en Texas. Hemos preguntado a su gabinete por la reacción a la iniciativa de su homóloga holandesa, Lilianne Ploumen, y por la responsabilidad política de Flandes. Pero esta pregunta no pudo responderse fácilmente.

Amberes no hace nada, pero cree que es mejor el "enfoque internacional

El miércoles por la tarde, la sp.a de Amberes pidió a la ciudad que "introduzca la prohibición de Ámsterdam de producir combustibles muy contaminados también en Amberes. Sólo si los puertos de Amberes, Ámsterdam y Rotterdam introducen conjuntamente dicha prohibición se podrá detener el comercio de esos combustibles altamente contaminados".

Por la tarde, el concejal del puerto Marc Van Peel también respondió. 'Estoy de acuerdo con los colegas holandeses que desean establecer un pacto. En el puerto de Amberes también podemos hacer que sea negociable sentarnos a la mesa con las empresas portuarias sobre esto. Pero sería mucho más eficaz si lo abordamos a nivel internacional. Quizás podríamos elaborar una acción conjunta con Ámsterdam. O bien optamos por una regulación europea, o bien los países africanos tienen que tomar las medidas adecuadas. Esa forma de actuar tendrá más efecto que si los puertos europeos toman medidas por separado.

El capitán del puerto añade que el número de iniciativas de sostenibilidad del puerto hoy en día no se puede contar con una mano. 'Pero también debemos tener cuidado de mantener a las empresas a bordo', se hace eco. 'Por eso, un enfoque internacional en torno a esta cuestión del combustible conseguirá más que una prohibición que no podemos aplicar legalmente pero que sólo suena bien'.

Así que la acción internacional parece el único enfoque correcto, aunque sólo sea para salvaguardar los intereses económicos de los puertos ARA. Se plantea la cuestión de quién emprenderá esa acción y reunirá a los principales actores en torno a la mesa. Los Países Bajos y África ya han tomado medidas. Amberes y Flandes van irremediablemente a la zaga. ¿Es hora de cambiar de rumbo? ¿O simplemente se pasará la patata caliente?

¿La estrategia de salida de las grandes petroleras?

La estrategia de salida de las grandes petroleras, una bomba de relojería
Si el mundo post-fósil es inevitable, ¿qué significa eso para los gigantes del petróleo y el gas? ¿Están preparados para esa revolución? Según Olivier Beys, pueden seguir tres escenarios, ninguno de ellos sencillo u obvio. Un análisis.

Tom Kenis examinó ingeniosamente en MO* el paso del pico del petróleo al pico de la demanda del mismo. Sostiene con razón que la demanda, y no la oferta necesariamente limitada de combustibles fósiles, nos llevará inexorablemente a un mundo post-fósil. Pero, ¿qué significa esto para los gigantes del petróleo y del gas y, sobre todo, están preparados para ese futuro francamente revolucionario?

Un periquito en el pozo de la mina de Bélgica
En 2016 hubo un gran revuelo tras la adquisición de la empresa belga Lampiris por el gigante francés del petróleo y el gas Total. Lampiris, que se comercializaba como el mayor proveedor de electricidad (y gas) 100% verde, fue acusada de vender su alma al diablo.

No es de extrañar que, pocos meses después de la adquisición, la empresa quedara a la cola de la clasificación de proveedores de energía publicada por Greenpeace el pasado mes de septiembre, y lógicamente perdió un montón de clientes en favor de competidores como Eneco.

Más interesante es la cuestión de por qué Total se aventura en sectores en los que tiene poca o ninguna experiencia. Kenis ya aludió al mundo completamente diferente en el que vivimos tras la crisis financiera de 2008. Valores establecidos como Total están haciendo un (por ahora ligero) cambio de dirección para dar una (principio de) respuesta a los retos en el rápidamente cambiante panorama energético.

Dado que las inversiones en el sector de la energía se amortizan a lo largo de décadas y no sólo de unos pocos años, una respuesta adecuada a estas evoluciones es aún más importante. El ejemplo de Total y Lampiris es sólo la ilustración en nuestro país de una tendencia más amplia.

El tiempo es esencial

Hay numerosas razones por las que una revisión a fondo de la estrategia e incluso del modelo de negocio está a la orden del día en el sector. En parte, por supuesto, se trata de la proliferación de acuerdos y tratados políticos internacionales, como el Acuerdo Climático de París, que entró en vigor el 4 de noviembre de 2016, o la prohibición de los gases dañinos para el clima en las plantas de refrigeración, acordada en Kigali en octubre de 2016. También se están moviendo muchas cosas a nivel nacional, como ilustra el trabajo legislativo en torno a la prohibición del motor de combustión interna en los coches para 2025 o 2030 en Noruega, Países Bajos, Alemania y otros países.

Esta legislación va de la mano de los enormes avances tecnológicos en alternativas que van desde las energías renovables, la electrificación de la movilidad y la calefacción, las nuevas posibilidades de almacenamiento, las innovaciones en la red, etc. Pero igual de importante es la rápida concienciación en el sector financiero de que el riesgo de depreciación temprana de las inversiones en combustibles fósiles es un problema importante.

Esto significa un riesgo para los rendimientos de los inversores, e incluso para la estabilidad de todo el sistema financiero y económico en el que los combustibles fósiles siguen desempeñando un papel importante.

Una de las voces más autorizadas para dar respuesta a este riesgo es el Consejo de Estabilidad Financiera del G20. A través de su Grupo de Trabajo sobre Divulgación de Información Financiera Relacionada con el Clima, recientemente dejó claro que los modelos de negocio de las empresas deben estar en consonancia con un escenario de 2°C, y que las inversiones financieras relacionadas con el clima deben ser divulgadas.

Sólo así es posible un buen análisis de riesgos, que constituye la base de decisiones de inversión sólidas y creíbles.

Todo esto supone una auténtica pesadilla para las empresas petroleras y de gas. Como la ONG Oil Change International dejó claro en septiembre, las emisiones potenciales de todos los yacimientos de petróleo, gas y carbón actualmente en uso son suficientes para superar los 2 °C.

En otras palabras, no hay más espacio para la exploración y el desarrollo de nuevos yacimientos, por no hablar de los retos técnicos, cada vez más difíciles y arriesgados, del bombeo en aguas profundas o en el Ártico. En resumen, es un problema de nudos.

Estrategia con el petróleo y el gas

Como señalé anteriormente en The Standard, existen aproximadamente tres estrategias para que estas empresas salgan de su problema.

El primer enfoque se apoya en la creencia de algunos miembros del sector de que todavía pueden conseguir quemar sus reservas, a diferencia de sus competidores. Compran a sus competidores, recortan los costes y se meten con sus rivales en la creación de grandes proyectos.

Un segundo enfoque es el inverso: un escenario contractivo, vendiendo activos y centrándose en actividades rentables que produzcan suficientes dividendos para los accionistas, que en este caso ejercen una presión positiva para eliminar actividades específicas.

Un tercer enfoque consiste en cambiar a actividades en otros sectores, especialmente la prestación de servicios en el sector eléctrico, las energías renovables, las redes y similares. De este modo, entran en el redil de los grandes productores de energía en el sector eléctrico, que a su vez hacen su propia conversión.

Se unen al club de las antiguas pero aún influyentes empresas de servicios públicos como la francesa Engie (ex GDF-Suez), RWE y E.ON. Han separado sus productos y servicios de futuro y rentables en el sector eléctrico de su antigua, contaminante y centralizada producción de energía. Esto es en cierto modo análogo a los bancos que colocaron sus préstamos basura en una entidad separada o "banco malo" tras el crack financiero de 2008.

Total parece apostar por la tercera opción, gracias en parte a la adquisición de Lampiris y su correspondiente experiencia y cuota de mercado, comprando el fabricante de baterías Saft y el de paneles solares Sunpower.

Sin embargo, hay que tener en cuenta que: Las inversiones de Total en estos sectores siguen siendo una miseria en comparación con su gasto global de capital, especialmente en petróleo y gas. Entonces, ¿hablan en serio o sólo están haciendo estas inversiones ahora que los precios del petróleo son bajos (y es probable que sigan siéndolo durante un tiempo)? Al fin y al cabo, las aventuras pasadas de Shell o "Beyond Petroleum" BP invitan a la vigilancia.

Previsión

Jeremy Leggett, el hombre que está detrás del fabricante de energía fotovoltaica SolarCentury, y también James Watson, director de la organización europea de presión SolarEurope, ya se están tomando en serio las gestiones de Total. La cuestión es saber si Total y otros gigantes del petróleo y el gas están preparados para el futuro.

CDP observa una clara brecha transatlántica entre las empresas europeas y las norteamericanas, con Statoil, Eni y Total en primera posición. Esto se debe principalmente a la mayor cuota de gas entre las empresas europeas, y en cierta medida en una mayor diversificación de sus operaciones, mientras que las norteamericanas se inclinan más por operar en arenas bituminosas y similares.

También encontramos diferencias significativas en el discurso. Por ejemplo, las empresas europeas firmaron una carta notoria a raíz de las negociaciones climáticas de París, en la que pedían un precio para el carbono, lo que dista mucho de ser apoyado por sus homólogas norteamericanas.

Un precio del carbono juega a favor de los europeos por sus recursos de gas menos intensivos en carbono, lo que indica que no hay solidaridad en la industria. Cada uno va por su lado, lo que explica que algunas empresas piensen que pueden ser más astutas que la competencia.

A modo de ejemplo, esto es evidente en las conversaciones que el corresponsal del clima Jelmer Mommers tuvo con los empleados de Shell en 2016. Están casi unánimemente convencidos de la superioridad de su propia empresa.

El mar sigue siendo profundo

El CDP puede proporcionar una clasificación entre ellos
(con la excepción de Saudi Aramco, Rosneft y
PetroChina, que no respondieron al CDP), pero la misma
encuesta muestra que las "inversiones bajas en
carbono" representan sólo el 1,5% de los 160.000
millones de dólares de inversión total de capital.

En otras palabras, siguen centrando su estrategia en
explorar (y probar) las reservas de recursos, esperando
que la posesión de estas reservas probadas aumente su
valor. Se equivocan. Como señala también CDP, el pico
de demanda se espera en algún momento de la próxima
década. Es un plazo muy ajustado para hacer el cambio
y sacar esas enormes reservas de combustibles fósiles
de los balances.

Además, las empresas propiedad de los gobiernos
nacionales impiden el acceso a los recursos de fácil
acceso, lo que obliga a estas empresas privadas
internacionales a buscar en zonas como el Ártico o las
profundidades marinas.

Estos proyectos no sólo son costosos, sino que suponen
un enorme desafío técnico y logístico, y desde el punto
de vista medioambiental conllevan riesgos
irresponsables.

CDP también señala que la dirección de estas empresas
sigue siendo recompensada principalmente en función
de la producción de la empresa. No es de extrañar que

veamos pocos cambios estructurales en las estrategias a largo plazo de estos mastodontes.

En resumen, estos 11 gigantes del petróleo y el gas no están en absoluto preparados para enfrentarse a las furiosas aguas políticas, naturales y financieras de las próximas décadas.

El hecho de que las 11 empresas encuestadas se encuentren entre las mayores de un sector responsable del 50% de las emisiones mundiales de CO2 también debería hacer saltar las alarmas en usted y en mí. Si de alguna manera consiguen seguir explotando los combustibles fósiles, el clima está condenado.

Por otro lado, un colapso incontrolado de este sector podría hacer tambalearse a industrias, economías y países y regiones enteras y suponer un verdadero peligro para la paz mundial.

Es la política, estúpido

Razón de más, pues, para presionar para que se informe de forma completa y transparente sobre las carteras de inversión de los bancos y los inversores institucionales, como los fondos de pensiones, los gestores de activos y las aseguradoras, y para exigir a las empresas que adopten objetivos climáticos acordes con la horquilla de 1,5° a 2°C.

Se trata de un ámbito en el que la sociedad, los ciudadanos y la política desempeñan un papel decisivo. Por lo tanto, no somos en absoluto tan impotentes frente a estos gigantes. Sobre todo, tenemos que quererlo, y hacerlo valer públicamente y en el ámbito político.

Programa contraproducente para obtener beneficios sostenidos

Mil millones de dólares. Ese es el presupuesto total gastado por las cinco mayores empresas petroleras y de gas desde el acuerdo climático de París en campañas de lobby para retrasar las políticas climáticas, y en campañas publicitarias para dar una imagen verde. Tras la primera audiencia sobre el engaño climático en el Parlamento Europeo, los parlamentarios piden que se niegue a ExxonMobil el acceso a las instituciones europeas.

ExxonMobil, Shell, Chevron, BP y Total gastaron en conjunto 195 millones de dólares cada año desde 2015 en campañas publicitarias para dar una imagen verde, mientras que simultáneamente gastaron 200 millones de dólares al año en lobby político para controlar, retrasar o bloquear las medidas climáticas.

Los datos fueron recogidos por InfluenceMap, un grupo de expertos con sede en Londres.

El informe publicado el viernes mostró, entre otras cosas, que BP donó 13 millones de dólares a una campaña que logró detener la introducción de un impuesto sobre el carbono en el estado de Washington. Cada una de las cinco empresas mencionadas, por cierto, es miembro del Instituto Americano del Petróleo, que el año pasado logró la desregulación de la producción de petróleo y gas en Estados Unidos y la eliminación de las restricciones a las emisiones de gas metano.

"Todo esto mientras las grandes compañías petroleras acaban de emerger como los socios más importantes en la transición energética", dicen los autores del informe.

Audiencia de ExxonMobil

La publicación del informe se produjo un día después de la primera audiencia en el Parlamento Europeo en la que un gigante petrolero tuvo que responder por el engaño climático. La multinacional ExxonMobil ya sabía en 1977 que las emisiones de CO2 provocan el cambio climático. Por ocultar y negar esa información, ya hay demandas pendientes contra la empresa en Massachusetts, el estado de Nueva York y Washington.

En la audiencia del Parlamento Europeo, Geoffrey Supran, investigador del MIT y de Harvard, presentó los resultados de un estudio que examinaba 200 documentos internos de ExxonMobil. El 80% de esos documentos confirmaban las alarmantes conclusiones de los científicos del clima. Aproximadamente el mismo porcentaje de todos los artículos y columnas publicados por ExxonMobil durante el mismo periodo lo ponían en duda.

"Aceptémoslo: la ciencia del cambio climático es demasiado incierta", escribió la empresa en el New York Times en 1997. En 2000, se hacía eco de que "es imposible que los científicos atribuyan el reciente aumento de la temperatura a causas humanas".

"La gran mayoría de los expertos en combustibles fósiles están convencidos de que las empresas, incluida ExxonMobil, han difundido información errónea para engañar al público y a los políticos, y bloquear la acción", dijo Geoffrey Supran al final de su presentación. "Por desgracia, lo han conseguido en gran medida".

Contribución a la economía europea
La propia ExxonMobil no se presentó a la audiencia. En una carta filtrada a IPS, Nicolaas Baeckelmans, vicepresidente de Asuntos Europeos de la empresa,

pidió a los parlamentarios organizadores que prestaran atención a "nuestra sustancial contribución a la economía europea, 14.000 empleados en 16 países de la UE y 10.000 millones en inversiones entre 2013 y 2017."

También se refiere a un estudio científico, encargado y pagado por ExxonMobil en 2018, que socava el trabajo de Geoffrey Supran.

La ausencia de ExxonMobil no fue bien recibida dada la gravedad de la acusación. Molly Scott Cato, eurodiputada de Los Verdes, presentó una propuesta para denegar a los grupos de presión de ExxonMobil el acceso al Parlamento Europeo a partir de ahora.

Si la propuesta se aprueba a finales de abril, ExxonMobil será la segunda multinacional a la que le ocurre esto. La primera fue Monsanto. La empresa se negó a comparecer hace año y medio en una audiencia sobre la interferencia no autorizada en los estudios sobre el glifosato del herbicida RoundUp.

Grupos de presión en Bruselas
La propuesta de Cato es un movimiento inestimable para los activistas del clima. Apenas dos días antes de la audiencia, la ONG Corporate Europe Observatory, con sede en Bruselas, anunció que ExxonMobil ha gastado 35 millones de euros en campañas de lobby para influir en los responsables políticos europeos desde 2010.

La empresa emplea directamente a 12 lobistas en Bruselas y también forma parte de cuatro grupos de reflexión y seis grupos de interés que, en conjunto, emplean a 170 lobistas.

Los grupos de presión y los ejecutivos están en contacto directo con los comisarios de la UE y ocupan puestos clave en los grupos de expertos y consejos consultivos de la UE.

"Todo el mundo tiene claro que ExxonMobil, y los demás gigantes del petróleo, están haciendo lo posible para no poner en peligro su modelo de ingresos", dijo Pascoe Sabido, investigador del Corporate Observatory Europe.

"Si sus intereses son realmente tan contrarios a lo que se necesita para combatir el calentamiento global, no tenemos más remedio que negarles el derecho a opinar sobre las soluciones. Debemos proteger a los responsables políticos de su influencia".

Sabido compara la situación con la lucha contra la industria del tabaco hace 20 años. Una de las medidas más decisivas en esta lucha fue el artículo del Convenio vinculante de la ONU sobre el control del tabaco que "exime a la política sanitaria de los intereses comerciales y otros intereses creados".

Sabido: "Esto es también lo que se necesita en este debate: poner un muro entre los responsables políticos y la industria del tabaco para que podamos conseguir lo que tenemos que conseguir".

ExxonMobil niega formalmente todas las acusaciones realizadas en el Parlamento Europeo el pasado jueves.

Los grandes bancos europeos invierten mucho en nuevas exploraciones de petróleo y gas

Grandes bancos como HSBC, Barclays y BNP Paribas siguen invirtiendo fuertemente en empresas que amplían su producción de petróleo y gas. Al hacerlo, van en contra de la ciencia del clima, dicen los activistas.

Para limitar el calentamiento global a 1,5 grados, no se permiten más inversiones en nuevos yacimientos de petróleo y gas. Así lo anunció el año pasado la Agencia Internacional de la Energía (AIE), la institución energética más influyente del mundo.

Pero las nuevas cifras de ShareAction muestran que ese mensaje aún no ha calado en muchos de los principales bancos europeos. La ONG británica analizó la financiación de 25 de los mayores bancos europeos a 50 empresas con importantes planes de expansión de petróleo y gas, entre ellas Exxon Mobil, Saudi Aramco, Shell y BP.

Muestra que los bancos han proporcionado más de 400.000 millones de dólares en financiación a esas empresas desde 2016. El banco británico HSBC encabeza la lista con 59.000 millones de dólares, seguido de Barclays (48.000 millones) y BNP Paribas (46.000 millones).

Alianza Nettonul

Cabe destacar que 24 de los bancos son miembros de la llamada Alianza Bancaria Net Zero de la ONU. Sus miembros se comprometen a adecuar su financiación a las emisiones netas para 2050. Pero desde que se formó esa alianza el pasado mes de abril, los 24 bancos han proporcionado colectivamente 33.000 millones de dólares a empresas que están ampliando su producción de petróleo y gas.

De hecho, más de la mitad de esa cantidad ha procedido de cuatro miembros que cofundaron la coalición: HSBC, Barclays, BNP Paribas y Deutsche Bank.

Sin embargo, también hay ejemplos de que las cosas se pueden hacer de otra manera, dice ShareAction. Commerzbank, Crédit Mutuel y La Banque Postale han limitado su financiación a las empresas que amplían la producción de petróleo y gas. En el caso de Commerzbank, sin embargo, esto se aplica sólo a los nuevos clientes.

La Banque Postale de Francia sentó un importante precedente el pasado mes de octubre al anunciar que saldrá completamente del sector del petróleo y el gas para 2030. Mientras tanto, el banco francés dejará de financiar proyectos y empresas fósiles a menos que se

comprometan a eliminar sus actividades petroleras y gasísticas para 2040 y a no desarrollar nuevos proyectos de petróleo y gas.
Pérdida
A los propios bancos también les interesa imponer estas restricciones, afirma Xavier Lerin, de ShareAction.

Si la demanda de petróleo y gas disminuye, de acuerdo con los escenarios de 1,5 grados, los precios también caerán y los activos se estancarán", afirma. Y si la demanda no disminuye lo suficiente como para limitar el calentamiento a 1,5 grados, la economía sufrirá graves impactos climáticos físicos. Así que, en cualquier caso, se pierde valor para las empresas energéticas, los bancos y sus inversores".

La ONG insta a los gestores de activos a presionar a los bancos para que exijan políticas que limiten la financiación de la expansión del petróleo y el gas.

Total, Shell y BP compraron petróleo ruso por valor de 100.000 millones de dólares desde la anexión de Crimea

Una nueva investigación muestra que las compañías petroleras europeas han comprado petróleo a Rusia por valor de 100.000 millones de dólares (unos 91.000 millones de euros) desde la anexión rusa de Crimea.

Las petroleras Total, Shell y BP realizaron compras por valor de 100.000 millones de dólares entre 2015 y 2021. Eso es lo que dice Cómo las grandes petroleras

europeas han alimentado la guerra de Putin, un nuevo
análisis de la organización europea Transport &
Environment (T&E).

Las grandes petroleras han demostrado que no se
puede confiar en que pongan la ética por encima de los
beneficios", dice T&E con dureza.

Ingresos para Rusia

De las tres petroleras europeas, TotalEnergies es la que
más ha contribuido a los ingresos del Estado ruso desde
2015, con compras por valor de 57.000 millones de
dólares de petróleo ruso. Le sigue Shell con compras
por valor de 27.000 millones de dólares, seguida de BP
(9.000 millones). Total y BP han aumentado de hecho la
cantidad de petróleo que importan de Rusia desde la
anexión rusa de Crimea en 2014.
Desde la invasión de Ucrania por parte de Putin, Shell y
BP se han retirado del país, mientras que Total tiene
previsto hacerlo a finales de año. Shell, en particular,
fue objeto de críticas por haber comprado un gran lote
de petróleo ruso con descuento, por lo que tuvo que
pedir disculpas.

La guerra demasiado

'Las multinacionales petroleras dicen ser éticas, pero lo
único que les importa son los beneficios. Desde la
anexión de Crimea por parte de Rusia, han comprado
petróleo por valor de miles de millones de dólares,
financiando directamente la agresión de Putin', dijo
Carlos Calvo Ambel, director senior de T&E. 'La reacción

de la opinión pública ha hecho que la guerra actual sea una más para los patrones del petróleo, pero para el pueblo de Ucrania es demasiado tarde.'

Cuatro de cada cinco dólares que se obtienen de las exportaciones rusas de petróleo y gas proceden de las compras de petróleo. Estas han sostenido el gasto militar de Putin durante más de dos décadas, afirma T&E en el análisis. "Entre 2019 y 2020, Shell, BP y Total compraron petróleo por valor de una cuarta parte del presupuesto militar de Rusia.

Transición
T&E también teme que la transición a las energías renovables no tenga un socio justo en el sector petrolero. Las compañías petroleras están obteniendo beneficios récord gracias al aumento de los precios de la energía, por lo que no hay razón para que maten a esta vaca lechera a corto plazo, argumenta la organización. Las grandes petroleras no tienen ningún interés en ecologizar la economía mundial lo antes posible", afirma Calvo Ambel. Sólo actuarán si se les obliga. Pero, ¿debemos esperar a que países como Holanda estén bajo el agua para que decidan que ya es suficiente?

Los gobiernos se arriesgan a recibir miles de millones en reclamaciones por restringir los proyectos de petróleo y gas
Según una nueva investigación, los inversores en petróleo y gas pueden demandar a los gobiernos por

miles de millones a través de tratados opacos si las políticas climáticas amenazan sus beneficios. Esto hace que los gobiernos sean reacios a adoptar políticas climáticas ambiciosas.

Los investigadores advierten que los inversores pueden utilizar numerosos y oscuros tratados internacionales para atar a los países a sistemas energéticos contaminantes y retrasar así la acción climática. Su investigación se ha publicado en la revista científica Science.

En total, las reclamaciones legales tendrían un valor de 340.000 millones de dólares. Eso es más que los 321.000 millones de dólares de dinero público destinados a la financiación del clima en 2020.

Esto significa que el dinero que los países gastarían para construir un futuro con bajas emisiones de carbono podría ir a parar a las industrias que han alimentado el cambio climático a sabiendas. Esto pone en grave peligro la capacidad de los países para poner en marcha la transición energética", escriben los autores.

Tratados internacionales

Los países han firmado miles de tratados que protegen a los inversores extranjeros de las acciones de los gobiernos.

Estos tratados permiten a los inversores demandar a los gobiernos para obtener una indemnización cuando se rompen los contratos, se deniegan los permisos de perforación o se aplican políticas que afectan a sus operaciones. Estos tratados se denominan ISDS: investor-state dispute settlements, o acuerdos para resolver disputas entre inversores y Estados.

El estudio advierte que los tratados "tienen un efecto disuasorio" sobre los gobiernos, impidiéndoles atreverse a aplicar políticas climáticas ambiciosas. Esto "ahogaría la transición climática", dijo el coautor Kevin Gallagher, profesor de política de desarrollo en la Universidad de Boston.

En un exhaustivo informe, el Grupo Intergubernamental de Expertos sobre el Cambio Climático (IPCC) también advirtió el mes pasado que el mecanismo ISDS amenaza con frenar la transición energética.

Cientos de demandas
A finales de 2021, se conocían al menos 231 casos en los que los inversores en combustibles fósiles habían demandado a un gobierno. De los 171 casos concluidos, un tercio se resolvió a favor de la empresa de combustibles fósiles y otro tercio terminó en un acuerdo.

Un caso reciente es el de la empresa británica Ascent Resources, que presentó el jueves una demanda contra el gobierno esloveno por haber prohibido el fracking. La empresa reclama ya 100 millones de euros en concepto de daños y perjuicios porque el gobierno le exigió que realizara un estudio de impacto ambiental antes de practicar el fracking cerca de una fuente de agua.

La petrolera británica Rockhopper también reclama una indemnización al gobierno italiano por la prohibición de las perforaciones petrolíferas en alta mar. En Estados Unidos, la empresa canadiense TC Energy reclama 15.000 millones de dólares en concepto de daños y perjuicios porque el presidente estadounidense Joe Biden detuvo la construcción del oleoducto Keystone XL.

Los países en desarrollo son los más perjudicados por el ISDS

Los países en desarrollo, que son los que más apoyo necesitan para la transición desde las economías basadas en los combustibles fósiles, son los que más pérdidas potenciales sufren con el sistema de disputas.

Según el estudio, Mozambique, que dio luz verde a un enorme proyecto de explotación de gas, encabeza la lista. El país podría perder entre 7.000 y 31.000 millones de dólares en costes de compensación si cambia de rumbo. Le sigue Guyana, donde se encontró uno de los mayores yacimientos de petróleo de los últimos años. Para ese país están en juego entre 4.000 y 21.000 millones de dólares. Venezuela y Rusia también corren un alto riesgo, al igual que Kazajistán e Indonesia.

En total, 33 gobiernos son vulnerables a las reclamaciones si detienen los proyectos de petróleo y gas que están en desarrollo pero aún no están activos, escriben los investigadores.

Imagen incompleta

Este es el primer estudio que estima a esta escala el coste potencial de cubrir las inversiones sujetas a un mecanismo de ISDS. Sin embargo, el estudio presenta un panorama incompleto: los investigadores sólo examinaron los proyectos de petróleo y gas en fase de preproducción. El estudio no tiene en cuenta el carbón, los proyectos operativos de petróleo y gas, las infraestructuras de transporte de combustible, como oleoductos y terminales de GNL, ni las inversiones en proyectos que causan deforestación tropical, la tercera fuente de emisiones de gases de efecto invernadero a nivel mundial.

Las empresas suelen utilizar complejas estructuras subsidiarias para disfrazar al verdadero propietario de la empresa, lo que significa que el verdadero coste potencial de los proyectos de producción de petróleo y gas cubiertos por la ISDS es probablemente mucho mayor.

Un estudio realizado en 2020 que analizaba exclusivamente el Tratado de la Carta de la Energía -el mayor contribuyente a las posibles reclamaciones- estimaba que las posibles reclamaciones de indemnización de los inversores en combustibles fósiles contra los Estados miembros ascendían a 1,3 billones de euros en 2050 sobre esa base.

Ecocidio

La autora de ese estudio, Yamina Saheb, participó en su día en el Tratado de la Carta de la Energía, pero ahora es una de las más firmes críticas contra él.

"Es un desastre para la acción climática", afirma Saheb, ahora analista del think tank OpenExp, y califica la continuación del mecanismo ISDS de "ecocidio" y de "forma neocolonial de mantener el control sobre los países en desarrollo".

Saheb explica que los acuerdos de compra de energía promovidos por el Banco Mundial y otras instituciones para garantizar contratos de electricidad a largo plazo a los países en desarrollo han atado a los países a contratos con inversores protegidos por tratados de ISDS.

Si el Secretario General de la ONU, António Guterres, quiere poner su dinero donde está su boca, debería convocar una reunión de emergencia para disolver todos los tratados de ISDS", dijo Saheb. De ello depende que el mundo cumpla los objetivos climáticos de París, concluye.

www.ingramcontent.com/pod-product-compliance
Lightning Source LLC
Chambersburg PA
CBHW071201130726
47998CB00002B/569